Carola Jürchott
Карола Юрхотт

Bärengrüße aus Berlin
Привет от берлинского медведя

**Mit Illustrationen von
Xenia Smykovskaya**
Иллюстрации Ксении Смыковской

Retorika

Carola Jürchott. **Bärengrüße aus Berlin.** –
Berlin: Retorika GmbH, 2016. – 104 Seiten.

Vieles gibt es in Berlin gleich paarweise: Gelehrte, Prinzessinnen, Sehenswürdigkeiten und sogar Göttinnen. Du findest das verwirrend? Das geht auch Constantin so, der all das nacheinander kennenlernt! Umso froher ist er, dass er einen ganz einzigartigen Begleiter gefunden hat, der ihm die Stadt erklärt. Zusammen mit dem Berliner Bären Freddy erlebt der Junge ein großes Abenteuer.

Was man dafür braucht? Einen lauen Sommerabend, eine große Stadt voller Geschichten, einen Butler, der es satthat, immer nur vor einem Hoteleingang zu stehen, und historische Persönlichkeiten, die gern von ihren Denkmalssockeln steigen, um aus ihrem eigenen Leben und von den Plätzen zu erzählen, auf denen sie sich gerade befinden.

Komm mit auf den Bärenritt durch die Hauptstadt und sieh selbst, dass man auch in der eigenen Stadt vieles entdecken kann! Noch mehr über Berlin erfährst du unter: bärengrüsse-aus-berlin.retorika.de!

ISBN 978-3-944172-17-0
© Alle Rechte vorbehalten Verlag Retorika GmbH
© Idee und Text: Carola Jürchott
© Illustrationen, Cover und Satz: Xenia Smykovskaya

www.retorika.de
Gedruckt bei: „Zelta Rudens Printing", Riga/Lettland

Inhalt

Ein Bär steht kopf
7
Ein Schauspielhaus, das keins mehr ist
Der Gendarmenmarkt
12
Möbel und Geschirr – mitten in der Stadt
Das Forum Fridericianum
20
Nach der Kaffeetasse eine Suppenschüssel?
Der Lustgarten und die Museumsinsel
33
Ein Altar ohne Kirche
Das Pergamonmuseum
43
Die schönste Frau der Stadt
Das Neue Museum
58

Aus Alt mach Neu

Der Berliner Dom und das Stadtschloss

67

Die Wiege Berlins

Das Nikolaiviertel und der Alexanderplatz

75

Löwentor und Lippenstift

Das „Gesicht" der City-West

85

Zwei ungleiche Schwestern

Das Brandenburger Tor und die Siegessäule

93

Wer hat hier eigentlich regiert?

100

Ein Bär steht kopf

„Na, dann tschüss und mach dir einen schönen Abend! Du wirst dich schon nicht langweilen."

Klack! Die Worte der Mutter waren noch nicht ganz verklungen, da fiel die Tür auch schon ins Schloss, und Constantin blieb allein in dem großen Hotelzimmer zurück. Na, super! Wenn er ehrlich war, hatte er von Anfang an nicht verstanden, was so toll daran sein sollte, in der eigenen Stadt in einem Hotel zu übernachten. Dabei hatte seine Mutter so sehr versucht, ihm diesen Abend schmackhaft zu machen.

„Stell dir das bloß einmal vor – wir schlafen in einem schicken Hotel, und während wir bei dem Empfang sind, hast du das ganze Zimmer für dich."

Als ob er das zu Hause nicht auch hätte ...

Constantin hatte überhaupt keine Lust, hier seine Zeit zu vertrödeln, aber da er nun schon einmal da war, beschloss er, das Hotel ein wenig auf eigene Faust zu erkunden. Er huschte aus dem Zimmer und fuhr mit dem Fahrstuhl bis ins Erdgeschoss. Kurze Zeit später stand er in der riesigen Hotellobby, die ihm schon bei ihrer Ankunft aufgefallen war. Überall standen große Sessel um kleine Tische, an denen hier und da Erwachsene saßen, Kaffee tranken und wahrscheinlich ähnliche Gespräche führten wie die, die er bei seinen Eltern und ihren Bekannten schon so langweilig fand. Nein, das war nichts für ihn! Also schlenderte Constantin an den Schaufenstern der Geschäfte entlang, die sich an der Außenseite des Hotels befanden. Porzellan, Souvenirs, Krawatten – auch hier gab es nichts, was für einen Jungen in seinem Alter interessant sein konnte. Es war doch wirklich zum Verzweifeln! Gab es denn in diesem ganzen Hotel nichts Spannendes?

‚Vielleicht gehe ich erst einmal ein wenig an die frische Luft', dachte er bei sich und lief dem Ausgang entgegen. Wenig später trat er durch die große Drehtür, blieb unter dem Vordach des Hotels stehen und ließ sich die warme Brise des frühen Sommerabends um die Nase wehen.

Als Constantin sich umsah, erblickte er die bunte Statue eines Bären, der auf dem Kopf stand.

‚Na, immerhin', stellte der Junge in Gedanken fest. ‚Nach all den modernen Skulpturen in der Hotellobby ist es doch schön, mal wieder eine Figur zu sehen, bei der von vornherein klar ist, was sie darstellt. Allerdings würde es mich schon interessieren, wie der Bär aussieht, wenn er richtig herum steht.'

Kaum war er mit dieser Überlegung fertig, stand der Bär auch schon in voller Schönheit auf seinen Hinterbeinen neben ihm.

„Ergebensten Dank", sagte er. „Wenn ich mich vorstellen dürfte: Ich bin der Butler Freddy und begrüße hier Tag für Tag die Hotelgäste."

In diesem Moment traute der Junge sowohl seinen Augen als auch seinen Ohren nicht. Der Butler Freddy sah ihm sein Erstaunen an und beeilte sich zu erklären:

„Wundere dich nicht! Wenn man sich etwas ganz fest wünscht, geht es manchmal in Erfüllung. Du wolltest wissen, wie ich richtig herum aussehe, und so hast du mich vom Kopf auf die Füße gestellt. Unter uns gesagt, wurde das auch höchste Zeit, denn wie sieht das denn aus, wenn das erhabene Wappentier der Stadt kopfsteht?!"

Damit hatte der Bär zweifellos recht. Eines aber war Constantin dennoch nicht klar:

„Warum kannst du denn sprechen?"

„Das ist schnell erzählt", antwortete der Butler Freddy. „Ich höre den ganzen Tag so viele Leute reden, die an mir vorbeilaufen – da nimmt man sich schon das eine oder andere an. Und jetzt würde ich mir gern die Beine vertreten, sie haben schließlich schon viel zu lange im wahrsten Sinne des Wortes

in der Luft gehangen. Wie ist es, hast du Lust mitzukommen? Ich könnte dir vielleicht auch noch ein bisschen über Berlin erzählen."

Constantin kratzte sich am Kopf, dann sagte er:

„Allzu weit können wir aber nicht gehen, sonst machen sich meine Eltern vielleicht Sorgen. Berlin kenne ich ja auch schon, aber einen kleinen Spaziergang in der Nähe des Hotels können wir schon wagen, denke ich. Es dauert schließlich noch eine Weile, bis es dunkel wird."

Der Bär nickte zufrieden, und so machten sie sich gemeinsam auf den Weg.

Kaum waren sie einige Schritte gegangen, blieb Freddy wieder stehen und fragte:

„Magst du eigentlich Schokolade?"

Constantin grinste – was für eine Frage!

„Klar", sagte er. „Und ich weiß auch schon, dass es in Russland eine Konfektsorte gibt, die nach dem Bären im Märchen benannt ist."

„Stimmt", sagte Freddy. „Das Mischka-Konfekt. Dann weißt du ja schon eine ganze Menge. Aber ich glaube, ich kann dir etwas zeigen, das du so noch nicht gesehen hast."

Mit diesen Worten lief er zielstrebig auf die nächste Straßenecke zu, die auf den ersten Blick außer einer großen dunkelgrünen Markise nichts Besonderes zu bieten hatte. Doch Constantin hatte sich getäuscht – als sie auf der anderen Straßenseite angekommen waren, entdeckte er, dass es sich bei diesem Haus um ein Schokoladengeschäft handelte. Auch das war noch nichts Außergewöhnliches, wenn ... ja, wenn nicht in den Schaufenstern Berliner Sehenswürdigkeiten aus Schokolade gestanden hätten. Das Brandenburger Tor und den Reichstag mit der neuen Kuppel kannte der Junge zwar schon, aber da war ja noch mehr! Nun war sich Constantin sicher, dass er zusammen mit Freddy die Stadt erkunden wollte, denn wer ihn zu einem solchen Laden führte, wusste sicher noch viel mehr über Berlin!

Der Butler Freddy war ein kluger Bär und hatte sofort erkannt, dass sein neuer kleiner Freund seine Meinung geändert hatte.

„Nun", fragte er, „siehst du jetzt, dass es auch in der eigenen Stadt viel zu entdecken gibt?"

Oh ja, das glaubte Constantin aufs Wort. Deshalb ließ er sich nicht lange bitten und lief an der Seite des Bären einem großen Abenteuer entgegen.

Ein Schauspielhaus, das keins mehr ist

Kurze Zeit später standen sie auf einem weiten Platz, dessen Schönheit Constantin geradezu den Atem verschlug. Als Freddy das bemerkte, sagte er:

„Dieser Platz ist als einer der schönsten in Europa bekannt."

„Das kann ich mir vorstellen", erwiderte der Junge. „Wie heißt er eigentlich?"

„Das ist der Gendarmenmarkt."

Constantin musste lachen.

„Du willst mir doch nicht weismachen, dass hier mit Polizisten gehandelt wurde, oder?"

Nun musste auch der Butler schmunzeln.

„Aber nein!", wehrte er ab. „Diese Bezeichnung hat der Platz der Tatsache zu verdanken, dass sich zu seinen Seiten vor einigen Hundert Jahren die Pferdeställe der Gendarmerie befanden. In der Mitte war, wie der Name schon sagt, ein Markt."

Davon war nun nicht mehr viel zu sehen, aber dennoch oder gerade deshalb fesselte der Platz die Aufmerksamkeit des Jungen.

„Was sind denn das für Gebäude?", wollte er wissen. „Sie sehen so gar nicht danach aus, als hätten sie etwas mit den Pferdeställen der Gendarmerie zu tun."

Freddy zögerte nicht lange, sondern zeigte zunächst nach links und dann nach rechts.

„Da hast du völlig recht", bestätigte er. „Diese beiden Gebäude waren früher einmal Kirchen. Ihre Namen haben sie bis heute behalten. Links siehst du den Deutschen und rechts den Französischen Dom."

Constantin dachte nach. Warum es in der deutschen Hauptstadt einen deutschen Dom gab, konnte er sich erklären, aber einen französischen? Das war doch schon etwas seltsam. Der Bär schien seine Gedanken zu erraten, deshalb fragte er: „Ist dir eigentlich schon einmal aufgefallen, dass es in dieser Gegend ziemlich viele Menschen mit französisch klingenden Familiennamen gibt?"

Darüber hatte Constantin zwar noch nie nachgedacht, aber wenn er es recht überlegte, konnte an dieser Aussage sogar etwas dran sein.

„Sind das alles Franzosen, die in diese Kirche gehen?", fragte er, doch Freddy schüttelte den Kopf.

„Ganz so einfach ist es nicht", entgegnete er. „Um das zu verstehen, müssen wir ebenfalls einige Hundert Jahre in der Geschichte zurückgehen. Im 17. Jahrhundert gab es in Frankreich die Hugenotten, Menschen, die einen anderen Glauben hatten als den, der damals dort der vorherrschende war. In ihrer Heimat wurden sie deshalb verfolgt und bestraft. In der Mark Brandenburg aber, wie die Gegend um Berlin zu diesem Zeitpunkt hieß, fehlten viele Arbeitskräfte, und so beschloss der Kurfürst, der Herrscher der Mark Brandenburg, die Hugenotten hierher einzuladen."

„Ich dachte immer, früher wären die Herrscher Könige gewesen", warf Constantin ein.

„Das stimmt in gewisser Weise", antwortete Freddy, und zwinkernd fügte er hinzu: „Wer sollte das besser wissen als ein Butler?! Die Könige kamen später. Erst 1701 ließ sich sein Nachfolger, Friedrich III., zum König Friedrich I. in Preußen krönen. Dieser Kurfürst aber, Friedrich Wilhelm von Brandenburg, den alle, weil er so mächtig war, den Großen Kurfürsten nannten, erließ 1685 ein sogenanntes Edikt. Darin versprach er den Hugenotten, dass sie keine Steuern zahlen müssten und ihren Glauben frei ausüben dürften."

„Ist das immer noch so?", erkundigte sich der Junge.

„Ihren Glauben dürfen die Nachfahren dieser Hugenotten immer noch frei ausüben, aber Steuern zahlen müssen sie natürlich – inzwischen haben sie dieselben Rechte und Pflichten wie alle anderen auch. Im Französischen Dom gibt es ein Museum, in dem man mehr über ihre Geschichte erfahren kann, und die heutige Kirche ist gleich dahinter."

„Und was für eine Kirche ist der Deutsche Dom?" Constantin ließ nicht locker.

„Dieser Dom heißt nur noch so", erklärte der Bär. „In Wirklichkeit ist auch er heute ein Museum mit einer großen Ausstellung über die Geschichte unseres Landes."

„Na, das passt ja dann wieder gut zu seinem Namen", fand der Junge, und eine freundliche Männerstimme lobte ihn:

„Da hast du völlig recht."

Nanu, was war denn das? Der Butler Freddy hatte doch eine Stimme, die völlig anders klang! Constantin schaute sich um. Vor ihm stand ein Mann, dessen Bekleidung nicht einmal zu den Gebäuden auf diesem Platz und schon gar nicht zur aktuellen Mode passte. Eigentlich wirkte er mehr wie ein römischer Feldherr. Was, wenn auch hier…? Der Junge traute sich kaum, diesen Gedanken zu Ende zu führen. Er hatte schon einmal erlebt, dass Denkmäler zu ihm gesprochen und ihm eine ganze Stadt erklärt hatten. Sollte es wirklich möglich sein, dass ihm das hier auch passierte? Zaghaft zupfte er Freddy an einem seiner Frackschöße:

„Wer ist das denn?", flüsterte er, doch der Butler brummte in seiner vollen Lautstärke:

„Diesen Herrn solltest du unbedingt kennenlernen. Er heißt Friedrich Schiller, und in der Schule hast du bestimmt schon etwas von ihm gehört."

„Schon wieder ein Friedrich?", überlegte der Junge. „War das auch ein Herrscher? Irgendwie habe ich das Gefühl, dass dieser Name bei ihnen besonders häufig vorkommt."

„Das stimmt in gewisser Weise", räumte der Bär ein. „Überhaupt wirst du in dieser Stadt häufig auf den Namen stoßen. Freddy ist ja auch eine Kurzform davon."

„Was, tatsächlich?" Daran hatte Constantin noch gar keinen Gedanken verschwendet, doch als es ihm klar wurde, fuhr Freddy bereits fort: „Im Fall dieses Herrn handelt es sich um einen Dichter. Er hat zum Beispiel den Text der berühmten ‚Ode an die Freude' geschrieben."

„Genau so war es", ließ sich nun auch wieder der Dichter selbst vernehmen. „Wahrscheinlich ist das einer der Gründe, weshalb man mir hier ein Denkmal errichtet hat."

Dann hatte sich Constantin also wirklich nicht getäuscht. Tatsächlich! Direkt vor ihm stand ein leerer Denkmalssockel, an

dessen Seiten vier Frauen saßen, die ebenso seltsam gekleidet waren wie Herr Schiller.

„Ich wusste gar nicht, dass dieser Text schon so alt ist", überlegte der Junge laut. „Ihrem Gewand nach haben Sie doch sicher vor vielen Hundert Jahren gelebt."

„Nicht vor so vielen, wie du vielleicht denkst", erklärte der Dichter. „Dieses Denkmal wurde vor etwas mehr als hundert Jahren anlässlich meines 100. Geburtstages errichtet. Damals war es modern, Künstler in antiken Gewändern darzustellen. So bin ich zu meinem, wie ihr heute sagt, Outfit gekommen."

Herr Schiller zwinkerte, und Constantin freute sich über den freundlichen Gesprächspartner. Und da sie schon so nett plauderten, konnte er den Dichter sicher auch gleich noch mehr fragen:

„Dann ist das Gebäude hinter Ihnen doch bestimmt ein Theater, oder?"

„Ein bisschen ja, ein bisschen nein", sagte Friedrich Schiller, und Constantin wartete darauf, dass er das näher erklärte, denn er selbst konnte sich überhaupt nicht vorstellen, was mit dieser Antwort gemeint war. Doch Herr Schiller holte noch ein wenig weiter aus:

„Eigentlich geht auch das auf einen Herrn namens Friedrich zurück. Du siehst also, in unserer Stadt kommt man an diesem Namen nicht vorbei. Friedrich II., der wohl bekannteste unter allen preußischen Königen, verhalf dem Gendarmenmarkt zu dem Aussehen, das auch heute immer noch viele Touristen anzieht. Der Alte Fritz, wie die Berliner diesen Herrscher ein wenig respektlos nannten, befahl nämlich in der zweiten Hälfte des 18. Jahrhunderts, zu den beiden Kirchen, die bereits vorher erbaut worden waren, die Kuppeltürme hinzuzufügen. Deswegen spricht man heute auch von Domen. Da er ein Freund der Künste war, ließ er in der Mitte des Platzes ein Theater errichten…"

„... das wir jetzt hier sehen?" Nach dieser langen Erläuterung konnte Constantin es kaum erwarten zu zeigen, dass er alles verstanden hatte. Doch er hatte sich getäuscht. Freddy bremste seinen Eifer etwas:

„Zieh nur keine voreiligen Schlüsse! Die Geschichte ist bei Weitem noch nicht zu Ende."

Herr Schiller räusperte sich und fuhr fort:

„Nein, das Theater, das auf Befehl Friedrichs II. gebaut wurde, war einer der beiden Vorgänger von diesem hier. Das Schauspielhaus, das du hier siehst, wurde erst 1821 eröffnet. Der Architekt war übrigens Karl Friedrich Schinkel, der wohl berühmteste Baumeister unserer Stadt."

„Schon wieder ein Friedrich!", rief Constantin aus. „Wie soll man denn die alle unterscheiden?"

Herr Schiller schmunzelte.

„Zu meiner Zeit hätte man wohl gesagt: An ihren Werken wirst du sie erkennen!", und als er sah, dass Constantin verdutzt dreinschaute, fügte er hinzu: „Keine Angst, mit der Zeit wirst du lernen, uns auseinanderzuhalten. Schließlich ist jeder von uns für etwas anderes bekannt."

Mit dieser Aussicht gab sich der Junge erst einmal zufrieden, doch dann fiel ihm ein, dass eine Unklarheit noch nicht beseitigt war.

„Als ich gefragt habe, ob das ein Theater ist, haben Sie doch geantwortet: Ein bisschen ja, ein bisschen nein. Warum es ein Theater ist, habe ich, glaube ich, verstanden. Was heißt denn aber: ein bisschen nein?"

„Das kann ich dir erklären", ließ sich nun wieder Freddy, der Bär, vernehmen. „Zu Zeiten Friedrich Schillers und auch noch lange danach war das Schauspielhaus wirklich ein Theater, in dem gesprochene Stücke aufgeführt wurden. Vor mehr als siebzig Jahren aber wütete in ganz Europa ein fürchterlicher

Krieg, in dessen Verlauf Berlin fast vollständig zerstört wurde. So auch das Schauspielhaus. Als es vor etwa dreißig Jahren endlich wiedereröffnet werden konnte, hieß es zwar immer noch Schauspielhaus, war aber der Sitz eines bedeutenden Sinfonieorchesters geworden. Seitdem finden hier fast täglich Konzerte statt. Deshalb hat man es vor einigen Jahren auch in ‚Konzerthaus' umbenannt."

Das leuchtete Constantin ein. Ohne dass der Junge es bemerkt hatte, hatte sich Friedrich Schiller inzwischen wieder auf seinen Denkmalssockel zurückgezogen, und vielleicht schien es auch nur, als winkte er seinen beiden Besuchern zum Abschied zu.

Möbel und Geschirr – mitten in der Stadt

Nachdem sich die beiden von dem Dichter verabschiedet hatten, war auch Constantin klar, dass es tatsächlich vieles in der Stadt zu entdecken gab, von dem er noch nichts wusste.

Freddy hat ein feines Gespür und merkte sofort, dass ihrer weiteren Erkundungstour nun nichts mehr im Wege stand. Deshalb beschloss er, die Gunst der Stunde zu nutzen, und fragte seinen neuen kleinen Freund:

„Na, schwirrt dir schon der Kopf von all den Herrschern, die genauso hießen wie ich?"

Constantin dachte nach, dann antwortete er:

„Einiges habe ich, glaube ich, schon verstanden. Aber richtig auseinanderhalten kann ich sie noch nicht alle."

Freddy schmunzelte:

„Das hatte ich auch nicht erwartet. Aber das kommt mit der Zeit. Wenn du also schon wieder neue Erkenntnisse vertragen kannst, zeige ich dir einen Ort, an dem gleich mehrere Gebäude nach einem der Könige benannt sind, von denen du heute schon gehört hast."

„Einem Friedrich?", wollte Constantin wissen.

„Aber natürlich", erwiderte Freddy und setzte sich von Neuem in Bewegung, kaum dass der Junge auf seinen Rücken geklettert war.

Kurze Zeit später standen sie auf einem anderen großen Platz, der von weißen Gebäuden umgeben war, auf deren Dächern lauter Skulpturen standen.

„Willkommen im Forum Fridericianum!", sagte der Bär feierlich, und Constantin verstand kein einziges Wort.

„Was ist denn das nun wieder?", fragte er verwirrt.

„So heißt das architektonische Ensemble, in dessen Mitte wir gerade stehen", erwiderte eine weitere unbekannte Männerstimme.

‚Nicht, dass das wieder ein Friedrich ist', schoss es Constantin durch den Kopf, denn dann hätte er vollends die Übersicht verloren. Vorerst aber war er noch damit beschäftigt zu versuchen, die vielen fremd klingenden Wörter zu verstehen. Dass sie sich in der Mitte von irgendetwas befanden, hatte er auch schon gemerkt. Aber was um alles in der Welt war dieses komische Ensemble? Den Begriff hatte er schon einmal gehört – wenn er sich nur daran erinnern könnte, wo! Ensemble, Ensemble ... Richtig, bei der Aufführung zum Schuljahresabschluss war von einem Tanzensemble die Rede gewesen! Constantin sah sich noch einmal aufmerksam um: Weit und breit keine Spur von irgendwelchen Tänzern! Es half nichts, er würde wohl wieder fragen müssen, doch er wollte sich vor dem fremden Mann nicht blamieren. Deshalb zupfte er Freddy vorsichtig am Fell, damit dieser sich zu ihm herunterbeugte.

„Was ist das für ein Ensemble?", flüsterte er ihm ins Ohr. „Ich kann nirgends Tänzer oder vielleicht Sänger entdecken."

Freddy brummte wohlwollend und setzte schon zu einer Antwort an, doch der fremde Mann kam ihm zuvor:

„Das ist aber schön, dass du das Wort ‚Ensemble' kennst", nahm er das Gespräch wieder auf. „Das freut einen Sprachwissenschaftler wie mich. Allerdings kann man dieses Wort in verschiedenen Zusammenhängen verwenden. Eigentlich kommt es aus dem Französischen und bedeutet nichts anderes als ‚zusammen'. Wenn mehrere Dinge gut zueinander passen und gemeinsam etwas Neues, Einheitliches, ergeben, spricht man von einem Ensemble. Ein architektonisches Ensemble sind mehrere aufeinander abgestimmte Gebäude an einem Ort, die im selben Stil erbaut wurden."

„Und zur selben Zeit?", fragte Constantin zurück. Als der Herr daraufhin nickte, freute er sich, dass er es verstanden hatte, und nun hatte er auch wieder Gelegenheit, sich zu fragen, mit wem er es da eigentlich zu tun hatte. Der Herr hatte jedoch selbst schon bemerkt, dass er sich nicht vorgestellt hatte.

„Oh, über dem interessanten Gespräch habe ich doch sämtliche Manieren vergessen! Gestatten – mein Name ist Wilhelm von Humboldt."

Diesen Namen hatte Constantin schon einmal gehört, und nun war ihm auch klar, warum sich ganz in seiner Nähe wieder ein leerer Denkmalssockel befand. Warum aber stand daneben gleich noch einer?

„Wenn ich deinen Blick richtig deute, suchst du mich gerade", ertönte in diesem Moment eine weitere Stimme. „Meinen Bruder hast du ja schon kennengelernt. Ich bin Alexander von Humboldt. Während Wilhelm der sesshaftere von uns war, bin ich durch Südamerika und auch nach Osteuropa gereist – immer auf der Suche nach unbekannten Pflanzen und Ländern, die zuvor kaum ein Fremder betreten hatte."

„Da beide Brüder bedeutende Forscher waren, wurde die Humboldt-Universität, die du hier siehst, nach ihnen benannt", fügte Freddy hinzu.

„Allerdings war es Wilhelm, der sich beim preußischen König dafür eingesetzt hat, dass Berlin eine Universität bekommt. Deshalb ist es ihm zu verdanken, dass es 1810 so weit war und die damalige Friedrich-Wilhelms-Universität eröffnet wurde."

Nicht ohne Stolz zeigte Alexander von Humboldt auf seinen Bruder.

Wilhelm hingegen ergänzte:

„Dafür waren Alexanders Entdeckungen so bedeutsam, dass ihm die Universität Havanna eine Inschrift auf seinem Sockel gewidmet hat, in der er als der zweite Entdecker Kubas bezeichnet wird."

Aha! Über die wissenschaftlichen Leistungen der Humboldt-Brüder wusste Constantin nun Bescheid, doch was hatte es mit den Fremdwörtern auf sich, die Freddy gebraucht hatte? Er musste wohl oder übel noch einmal nachfragen:

„Was ist denn das nun aber für ein Forum, von dem du gesprochen hast? Dieses Wort kenne ich nur aus dem Internet."

Wilhelm von Humboldt musste schmunzeln.

„Siehst du, ein Forum ist immer ein großer Platz, der häufig die Möglichkeit bietet, dass man miteinander ins Gespräch kommt. So ist es im Internet. Hier haben wir es mit einem echten Platz zu tun. Da die Gebäude, die ihn umstehen, auf Befehl Friedrichs des Großen entstanden sind, hat sich nach und nach die lateinische Bezeichnung ‚Forum Fridericianum' dafür eingebürgert."

„Schon wieder ein Friedrich?", fragte Constantin. Mit den Königen war es doch zum Verzweifeln! Dieses Mal aber konnte ihn Freddy beruhigen:

„Ich habe es dir doch versprochen – von diesem Friedrich hast du schon gehört, als wir auf dem Gendarmenmarkt waren. Er ist unter mehreren Namen bekannt – offiziell hieß er Friedrich II."

„Der Alte Fritz!", platzte Constantin heraus. Nun schmunzelte auch Alexander von Humboldt:

„Na, da hast du dir die wichtigsten Dinge ja schon gemerkt! Schau noch einmal hinüber zur Universität."

„Wieso denn?", wollte Constantin wissen. „Da stehen doch nur Ihre leeren Denkmalssockel …"

„Nein, wenn du den Blick etwas nach links wendest, siehst du mitten auf der Straße Unter den Linden, die zwischen diesem Platz und der Universität verläuft, ein großes Reiterstandbild. Dort thront hoch zu Ross Friedrich der Große."

Constantin tat, wie ihm geheißen, und stellte anerkennend fest:

„Das ist ja wirklich ein beeindruckendes Denkmal!"

„Da hast du recht!", stimmte Wilhelm von Humboldt zu. „Allerdings wäre es vielleicht noch besser gewesen, wenn einer der früheren Entwürfe des Bildhauers verwirklicht worden wäre."

Constantin sah fragend zu Freddy hinüber, doch dieser schwieg und sah seinerseits den großen Wissenschaftler aufmerksam an. Deshalb fuhr Wilhelm von Humboldt fort:

„Friedrich II. war nicht nur, wie es zur damaligen Zeit üblich war, ein bedeutender Feldherr, sondern hegte auch großes Interesse für die Künste."

„Ich weiß", rief Constantin erfreut. „Er hat den Befehl gegeben, das Schauspielhaus bauen zu lassen!"

„Ganz genau", pflichtete ihm Wilhelm von Humboldt bei. „Außerdem liebte er die Musik, spielte selbst Flöte und komponierte sogar Stücke für dieses Instrument."

„Auch mit der Natur setzte er sich gewissenhaft auseinander", fügte nun Alexander von Humboldt hinzu. „So haben wir es ihm und seinen sogenannten Kartoffelbefehlen zu verdanken, dass sich in Preußen Kartoffeln als Nahrungsmittel durchgesetzt haben. Er ließ die Sumpflandschaft des Oderbruchs trockenlegen und für die Landwirtschaft nutzbar machen."

„Dass Friedrich II. die allgemeine Schulpflicht in Preußen eingeführt hat, wie man häufig hört, stimmt zwar nicht ganz", setzte sein Bruder Wilhelm hinzu. „Aber er hat zumindest die wichtigsten Grundlagen dafür geschaffen. Deshalb hätte es mir persönlich auch besser gefallen, wenn man diesem Teil des königlichen Lebens am Denkmal mehr Bedeutung beigemessen hätte."

„Woran kann man das denn erkennen?", wollte Constantin wissen.

„Schau her", sagte der Wissenschaftler und führte den Jungen näher an den Denkmalssockel heran. „Im Mittelteil des Sockels sind viele große Persönlichkeiten abgebildet, die zu Friedrichs Zeiten gelebt und gearbeitet haben. Nach einigen Änderungen ist für die Dichter, Künstler und Philosophen leider nur die Schmalseite am hinteren Teil des Denkmals übrig geblieben, also der Platz unter dem Schwanz des Pferdes. Die anderen drei Seiten zeigen Feldherren, die in den von Friedrich II. geführten Kriegen gekämpft haben. Wenn du mich fragst, kommt dadurch die sogenannte ‚Friedensseite' zu kurz."

Constantin sah, dass Freddy zustimmend nickte, deshalb sagte er unvermittelt:

„Dann sollten wir uns doch wenigstens jetzt darum kümmern. Mich interessiert nun nämlich sehr, welche Gebäude dieser König noch befohlen hat zu bauen."

„Das ist eine gute Idee", lobte ihn Alexander von Humboldt, und Freddy fügte hinzu:

„Stimmt, denn nur so kannst du erfahren, was ein bestimmtes Geschirrteil und ein Möbelstück mit diesem Platz zu tun haben."

Das klang nun wieder rätselhaft, und Constantin war schon sehr gespannt auf die Auflösung, doch die beiden Forscher ließen ihn noch ein wenig zappeln:

„Das Hauptgebäude der Universität hast du ja schon gesehen. Ursprünglich war es als Palais für Prinz Heinrich, den jüngeren Bruder des Königs, gebaut worden. Acht Jahre nach seinem Tod fanden hier die ersten Lehrveranstaltungen statt."

„Aha", meinte Constantin, doch es war ihm deutlich anzumerken, dass es nicht das war, was ihn jetzt am meisten interessierte. Freddy sah das und sagte:

„Ich glaube, jetzt sollten wir dich nicht weiter auf die Folter spannen, stimmt's?"

Constantin nickte eifrig. Endlich verstand ihn jemand!

„Also gut", willigte Alexander von Humboldt ein. „Dann schau dir einmal das Gebäude genauer an, das dem Reiterstandbild direkt gegenüber steht."

Constantin tat, wie ihm geheißen, und der Forscher fuhr fort:

„Dieser Bau beherbergte früher die Königliche Bibliothek. Der Spitzname, den ihm die Berliner gegeben haben, geht auf die geschwungene Fassade zurück. Friedrich II. hatte Entwürfe für die Hofburg in Wien gesehen, und diese hatten ihm so gut gefallen, dass er sich eine Kopie der Fassade für seine Bibliothek wünschte. Das Interessante daran ist, dass die Fassade in Wien erst viel später gebaut wurde. Die Kopie war also eher fertig als das eigentliche Original. Heute befindet sich hier die Juristische Fakultät der Universität. Wer hier studiert, kann später beispielsweise Richter oder Anwalt werden."

Inzwischen trat Constantin schon vor Aufregung von einem Fuß auf den anderen:

„Welchen Spitznamen hat das Gebäude denn nun?", wollte er wissen. Er konnte sich noch immer keinen Reim auf die Sache mit den Möbeln und dem Geschirr machen.

„Ach, habe ich etwa vergessen, das zu erwähnen?" Alexander von Humboldt lächelte verschmitzt. „Dieses Haus wird von den Berlinern ‚Kommode' genannt. Und ob du es glaubst oder nicht, der Begriff hat sich so sehr eingebürgert, dass er bei den Studenten sogar offiziell im Stundenplan steht, wenn sie hier Unterricht haben."

Tatsächlich! Wenn Constantin sich das Gebäude viel, viel kleiner vorstellte, hatte es wirklich Ähnlichkeit mit den geschwungenen Schränkchen, die man inzwischen fast nur noch in alten Schlössern und Museen fand. Das Rätsel mit dem Möbelstück war also gelöst. Doch was hatte es mit dem Geschirr auf sich?

„Nicht so hastig, junger Freund!"

Constantin sah Wilhelm von Humboldt entsetzt an. Konnte dieser Wissenschaftler etwa auch Gedanken lesen? Nein, das war nun wirklich zu unwahrscheinlich! Er musste wohl laut gedacht haben. Deshalb sagte er vorsichtshalber erst einmal nichts, sondern hörte lieber zu:

„Gegenüber der Kommode siehst du das Gebäude der heutigen Staatsoper. Es wurde von Georg Wenzeslaus von Knobelsdorff, dem Hofbaumeister Friedrichs II., erbaut. Interessant ist übrigens, dass es das erste selbstständige Bauwerk war, das der König in Auftrag gab, nachdem er 1740 den Thron bestiegen hatte. Er wollte damit ein Zeichen seiner Macht setzen, aber auch zeigen, wie wichtig ihm die Künste waren. So fand die erste Opernaufführung auch schon 1742 statt, als die Bauarbeiten noch gar nicht abgeschlossen waren. Ein Jahr später wurde das zu jener Zeit größte Opernhaus Europas als Königliche Hofoper eröffnet."

„Übrigens", setzte Alexander von Humboldt hinzu, „gab es schon zur Zeit der Grundsteinlegung für die Oper Schwierigkeiten mit dem Untergrund. Dadurch, dass die Spree ganz in der Nähe fließt, musste das Fundament auf dem Schwemmsand mit Pfählen stabilisiert werden. Und so seltsam das klingen mag, hat dieses Problem die Oper durch ihre gesamte Geschichte begleitet – immer, wenn eine Rekonstruktion nötig war."

Constantin dachte nach. Ob das wohl des Rätsels Lösung war? Wenn man eine Flüssigkeit auffangen wollte, nahm man dazu manchmal eine Tasse oder einen Becher. Die Flüssigkeit, die hier die Schwierigkeiten verursachte, war offenbar das Flusswasser. Konnte das Opernhaus deshalb etwas mit einem Geschirrteil zu tun haben?

Diesmal war es Freddy, der seine Gedanken zu erraten schien.

„Nun wollen wir dich aber nicht länger zappeln lassen. Siehst du die Kirche hinter der Oper?"

„Die mit der grünen Kuppel?", fragte Constantin.

„Ganz genau", antwortete der Bär, „die St.-Hedwigs-Kathedrale."

„Das ist die wichtigste katholische Kirche in Berlin", erklärte Wilhelm von Humboldt. „Friedrich II. wollte mit ihrem Bau ein Zeichen setzen, dass in seinem Reich jeder seinen eigenen Glauben haben und ausüben durfte, denn die Katholiken sind in dieser Stadt eine Minderheit. Eigentlich war es zur damaligen Zeit üblich, dass das Volk denselben Glauben haben musste wie sein König, und deshalb war auch der Bau dieser Kirche etwas Besonderes, denn Friedrich war kein Katholik."

„Was hat denn die Kirche nun aber mit Geschirr zu tun?"

Constantin sah darin noch immer keinen Zusammenhang.

„Es gibt eine Legende", hub Freddy an, „die besagt, dass Friedrich II. gefragt worden sein soll, welche Form die Kuppel der Kirche denn bekommen sollte. Man erzählt sich, daraufhin habe er seine Kaffeetasse umgedreht und gesagt: ‚So eine.'"

Nun sah sich der Junge das Dach der Kirche noch einmal genauer an. Tatsächlich konnte man die gleichmäßige Form der Kuppel mit einer Tasse in Verbindung bringen. So etwas wäre ihm allein nie aufgefallen, und inzwischen war er heilfroh, dass er auf Freddys Vorschlag eingegangen war, die Stadt gemeinsam zu erkunden.

Alexander von Humboldt riss ihn aus seinen Gedanken: „Das ist zwar eine hübsche Geschichte, aber sie ist natürlich überhaupt nicht bewiesen. Niemand kann sagen, ob sie sich wirk-

lich so zugetragen hat. Was wir jedoch genau wissen, ist, dass der Durchmesser der Kuppel ebenso wie die Höhe der Hedwigs-Kathedrale jeweils 33 Meter betragen."

„Das heißt, wenn die Kirche an der Unterseite auch rund wäre, wäre sie eine Kugel?", schlussfolgerte Constantin.

„Donnerwetter!", lobte ihn der Forscher. „Da hast du aber in Mathematik gut aufgepasst!"

Constantin freute sich noch über diese Anerkennung, als er plötzlich feststellte, dass außer Freddy niemand mehr neben ihm stand.

„Nanu", fragte er, „ wo sind denn unsere beiden Wissenschaftler hingegangen?"

„Auf ihren angestammten Platz", erwiderte der Bär und wies hinüber zur Universität, vor der nun wieder beide Denkmäler in voller Schönheit standen.

„Hoffentlich kann ich mir merken, wer von ihnen Alexander und wer Wilhelm von Humboldt ist", überlegte der Junge. „Aber zur Not muss ich eben immer dicht genug herangehen, um Alexanders Inschrift aus Kuba zu sehen."

Freddy nickte, doch dann sagte er:

„Pst, ich verrate dir einen Trick, wie du es dir ganz einfach merken kannst: Alexander sitzt in Richtung des Alexanderplatzes und Wilhelm weiter davon entfernt."

„Wurde der Alexanderplatz denn nach Alexander von Humboldt benannt?", wollte Constantin wissen.

„Das erzähle ich dir, wenn wir da sind", versprach Freddy, und sie machten sich wieder auf den Weg.

Nach der Kaffeetasse eine Suppenschüssel?

Constantin schwang sich auf Freddys Rücken, und sie ritten die Straße Unter den Linden entlang, die außer dem großen Reiterstandbild und der Universität noch viel mehr zu bieten hatte. Constantin konnte sich gar nicht so schnell umsehen, wie Freddy ihm immer neue Gebäude zeigte: Hier erblickte er ein Denkmal, dessen Bau ebenfalls auf den berühmten Architekten Schinkel zurückging, dort das Kronprinzenpalais, in dem 25 Jahre zuvor ein wichtiger Vertrag für die Einheit des Landes unterschrieben worden war, und schließlich kamen sie an ein rosarotes Haus mit einem seltsamen gläsernen Anbau.

„Das ist das Deutsche Historische Museum", erklärte Freddy.

„Stimmt, es sieht auch sehr historisch aus", überlegte Constantin, „obwohl es dort hinten eher modern wirkt."

„Das hast du gut beobachtet", lobte der Bär. „Der vordere Teil ist tatsächlich schon alt. Er wurde früher ‚Zeughaus' genannt und ist das älteste Gebäude, das in dieser Straße erhalten geblieben ist."

„Was ist denn ein Zeughaus?", wollte Constantin wissen. Dieser Name kam ihm doch reichlich komisch vor.

„So nannte man früher Gebäude, in denen Waffen untergebracht wurden", erklärte eine freundliche Frauenstimme. „Später war es auch ein Waffenmuseum."

Nanu, hatte jemand ihr Gespräch belauscht? Constantin blickte sich um und sah direkt vor sich zwei Damen. Zwar hatte ihm seine Mutter beigebracht, fremde Frauen immer als Damen zu bezeichnen, weil das höflicher war, doch in diesem Fall stimmte es tatsächlich. Die beiden jungen Frauen waren nicht nur ausnehmend hübsch, sondern sicher auch sehr vornehm.

„Majestät" sagte Freddy fast schon unterwürfig zu einer von ihnen und „Hoheit" zu der anderen. Constantin aber stupste er etwas unsanft in den Rücken und flüsterte ihm zu: „Verbeuge dich!"

„Warum?", fragte der Junge verständnislos.

„Weil sich das einer Königin gegenüber gehört."

„Einer Königin?" Constantin musste furchtbar aufpassen, dass ihm vor lauter Verwunderung nicht der Mund offen stehen blieb.

„Genau so ist es", antwortete die Dame, die rechts stand.

Nun war Constantin klar, dass sein Gegenüber wohl wieder aus einer anderen Zeit stammte. Er verneigte sich artig, und die Königin fuhr fort:

„Allerdings muss ich um der Ehrlichkeit willen eingestehen, dass ich erst Königin wurde, nachdem Johann Gottfried Schadow mich und meine Schwester Friederike verewigt hatte. Ich heiße übrigens Luise, und so, wie du uns hier siehst, waren wir gar nicht viel älter als du."

Hatte er es sich doch gedacht! Da war also schon wieder eine Skulptur lebendig geworden! Constantin begann, daran Gefallen zu finden, und die zwei Prinzessinnen, die nur wenig älter waren als er, waren ihm auf Anhieb sympathisch. Eines aber machte ihn stutzig: Er konnte weit und breit keinen leeren Denkmalssockel entdecken. Da er nun Zutrauen zu den beiden gefasst hatte, fragte Constantin auch gleich:

„Wo kommen Sie denn eigentlich her? Ich kann mich gar nicht erinnern, dass ich hier jemals ein Denkmal mit zwei Damen gesehen hätte."

„Da hast du völlig recht", bestätigte Freddy. „Die Prinzessinnen stehen tatsächlich nicht im Freien. Diese Skulptur ist eines der bekanntesten Stücke in der Alten Nationalgalerie auf der Museumsinsel."

In diesem Satz steckten gleich mehrere Aussagen, die den Jungen verwirrten, also beschloss er, sich ihnen schrittweise zu nähern:

„Warum sagst du denn ‚Alte Nationalgalerie'? Gibt es denn auch eine neue? Ich dachte immer, jedes Land hat nur eine Nationalgalerie, deshalb heißt sie doch so, oder?"

„Du bist ein kluges Bürschchen", freute sich nun Prinzessin Friederike, die Schwester der Königin.

„Wohl wahr, wohl wahr", brummte Freddy vor sich hin, ehe er zu einer Erklärung ansetzte:

„Eigentlich meinen die Menschen ja immer, ihr Verstand wäre dem von uns Tieren überlegen. Aber manchmal habe ich da, unter uns gesagt, meine Zweifel. So haben sie sich doch nach

dem letzten furchtbaren Krieg, der in dieser Stadt gewütet hat und leider auch von ihr ausgegangen war, einfallen lassen, mein schönes Berlin zu teilen, sodass der Ostteil ohne den Westteil auskommen musste und umgekehrt. Was sich hier gewissermaßen im Kleinen abspielte, betraf im Großen übrigens das ganze Land.

Die Teilung Berlins aber hat dazu geführt, dass es nun, da glücklicherweise alles wieder vereint ist, viele wichtige Gebäude und Einrichtungen gleich zweimal gibt – so auch die Nationalgalerie. Weil es aber Unsinn wäre, eine Ost-Nationalgalerie und eine West-Nationalgalerie zu unterhalten, hat man die Ausstellungsstücke lieber nach ihrer Entstehungszeit aufgeteilt. Deshalb findet man hier, in der Alten Nationalgalerie, eher die klassischen Kunstwerke und in der Neuen Nationalgalerie die modernen Ausstellungsstücke."

Aha – so war das also. Diese Vielzahl an Informationen musste Constantin erst einmal sacken lassen. Er war sich aber sicher, dass er bei einer anderen Gelegenheit noch einmal darauf zurückkommen würde. Vorerst jedoch musste er aufpassen, dass seine zweite Frage nicht in Vergessenheit geriet. Deshalb stellte er sie lieber gleich:

„Und warum sprechen Sie von einer Insel? Gibt es denn so etwas mitten in der Stadt? Da bräuchte man doch bestimmt Boote, um dorthin zu gelangen?"

Nun musste Luise lachen:

„Aber nein, wo denkst du hin? Du überschätzt die Breite unserer Spree bei Weitem! Schau mal, wir stehen doch gerade vor einer Brücke. Sie beginnt dort drüben, rechts neben dem Historischen Museum."

„Stimmt, damit hatte unser Gespräch ja angefangen", erinnerte sich Constantin. „Warum hat denn dieses Zeughaus nun einen alten und einen neuen Teil?"

Freddy erklärte es ihm:

„Die Geschichte geht doch immer weiter, und so gibt es mit der Zeit auch immer mehr, was in einem historischen Museum gezeigt werden muss. Deshalb war das alte Zeughaus irgendwann zu klein für die vielen Ausstellungsstücke. Also erhielt ein bekannter Architekt den Auftrag, einen modernen Anbau zu entwerfen, der heute übrigens auch der Eingang des Museums ist. Der Architekt heißt Ieoh Ming Pei und hat auch schon anderen berühmten Museen zu modernen Glaskonstruktionen verholfen, die das Tageslicht bis unter die Erde bringen. Genauso ist es hier."

Friederike fügte hinzu:

„Und die Brücke, die du hier siehst, ist die Schlossbrücke."

„Nanu, war denn das Zeughaus auch mal ein Schloss?", wollte Constantin wissen.

„Nein", erwiderte nun Luise. „Aber davon später mehr. Fürs Erste genügt es, wenn du weißt, dass der Schöpfer der Brückenfiguren Karl Friedrich Schinkel war und dass die Brücke auf die Museumsinsel führt."

„Von Herrn Schinkel habe ich heute schon gehört", sagte Constantin. „Er hat doch das Schauspielhaus gebaut, in dem jetzt nur noch Musik gespielt wird, stimmt's?"

„Das Konzerthaus, ganz recht", bestätigte Friederike.

„Aber warum heißt der Platz hinter der Brücke denn nun Insel?", fragte Constantin noch einmal nach.

„Ganz einfach", erwiderte Luise, „was du hier siehst, ist nur ein Flussarm der Spree. Der andere fließt ein Stückchen weiter hinten, und dadurch entsteht die Insel, auf der wir nun zu Hause sind."

„Ah, jetzt verstehe ich es", freute sich Constantin. „Und sie heißt Museumsinsel, weil dort die Alte Nationalgalerie ist, nicht wahr?"

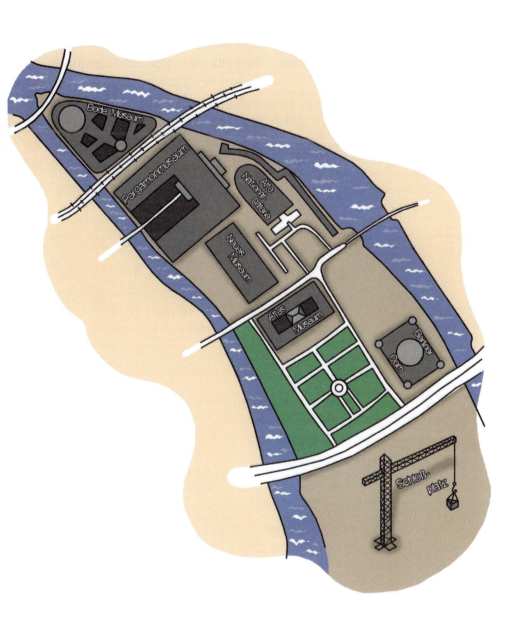

„Ja und nein", erwiderte Friederike und freute sich selbst über ihre rätselhafte Antwort.

„Ja und nein?" Constantin begriff überhaupt nichts mehr, und weil ihm der Junge in seiner Ratlosigkeit leidtat, erklärte Freddy es ihm:

„Die Museumsinsel hat ihren Namen auch wegen der Nationalgalerie. Insgesamt gibt es hier aber fünf Museen."

„Gleich fünf auf einmal?" Constantin konnte es kaum glauben.

„Ja", sagte Luise, „das Alte Museum, das Neue Museum, das Pergamonmuseum, das Bode-Museum und die Alte Nationalgalerie."

„Oh, so viele", staunte Constantin. „So etwas habe ich ja noch nie gehört."

„Es ist auch etwas ganz Besonderes", pflichtete ihm Luise bei. „Sicher ist das auch einer der Gründe, weshalb die Wissenschafts- und Kulturorganisation der Vereinten Nationen, die UNESCO, diese Insel zum Weltkulturerbe erklärt hat. Das ist eine ganz besondere Auszeichnung."

„Und was ist der andere Grund?", wollte der Junge wissen.

„Bestimmt einige der Ausstellungsstücke", sagte Friederike.

„Sie auch?", fragte Constantin nach.

„Na klar, was dachtest du denn?", antwortete Friederike so gar nicht prinzessinnenhaft.

„Aber außer uns gibt es hier noch viel mehr Sehenswertes", ließ sich nun wieder Luise vernehmen.

„Lass uns das noch für einen Moment verschieben", mischte sich Freddy, an Constantin gewandt, in das Gespräch. „Ich wollte dir nämlich noch etwas anderes zeigen. Du hattest mich doch vorhin an der Hedwigs-Kathedrale gefragt, was die Kirche mit Geschirr zu tun hat …"

„… und du hast mir die Legende vom Alten Fritz und der Kaffeetasse erzählt", ergänzte der Junge.

„Ganz genau, und du wirst es nicht glauben, aber hier geht es mit den Haushaltsgegenständen weiter. Dass die Berliner ihren Sehenswürdigkeiten gern Spitznamen geben, habe ich dir ja schon erzählt."

Constantin sah den Bären aufmerksam an. Wer weiß, was für eine Geschichte er ihm nun wieder auftischen würde? Doch dazu kam es gar nicht, denn Friederike platzte schon heraus: „Ach so, du meinst die Suppenschüssel!"

„Erlaube mal", entrüstete sich Luise, „diese Granitschale hat immerhin mein Mann bestellt. Gut, eigentlich sollte sie im Alten Museum stehen, aber weil sie so groß war, hat sie nicht hineingepasst. Trotzdem oder gerade deshalb war sie zur damaligen Zeit ein technisches Wunderwerk."

„Natürlich war sie das", gab ihre Schwester zu. „Schließlich hatte mein verehrter Schwager verfügt, dass sie ‚das größte Produkt der Art im Lande bleiben soll'. Immerhin war es ihm wichtig, den englischen Gesandten zu übertrumpfen, der eine kleinere Schale gekauft hatte."

„Das ist ihm wahrlich gelungen", warf Luise ein. „Dieses Prachtstück hat einen Durchmesser von fast sieben Metern und wiegt 75 Tonnen."

„Ja, und mit einem Umfang von fast 22 Metern ist sie die größte aus einem einzelnen Granitblock gefertigte Schale", bestätigte Friederike. „Aber davon lassen sich doch die Berliner nicht beeindrucken. Immerhin war sie letztendlich dreimal so teuer wie geplant, als sie vor rund 180 Jahren endlich aufgestellt wurde. Sag, was du willst, ich finde den Namen ‚Suppenschüssel' ziemlich zutreffend."

Luise wollte oder konnte sich dennoch nicht geschlagen geben:

„In einen Lustgarten, der dieser Platz früher war, passt trotzdem keine Suppenschüssel."

„Da hast du recht", lenkte Friederike ein, setzte aber anschließend gleich noch eins drauf: „In einen Lustgarten hätten wir beide viel besser gepasst. Aber unsere Skulptur hat deinem Herrn Gemahl ja von Anfang an nicht gefallen. Er meinte, wir seien hier zu natürlich dargestellt und zu leicht bekleidet, und weil er das unschicklich fand, mussten wir mehr als hundert Jahre in den Depots zubringen."

„Depots?", fragte Constantin nun zaghaft, der dem Streitgespräch der Prinzessinnen bis dahin schweigend zugehört hatte. „So etwas kenne ich nur für Straßenbahnen, aber die gab es doch damals noch nicht, oder?"

„Nein", antwortete Luise erleichtert, denn sie wollte nur zu gern das Thema wechseln. „Depots nennt man auch die Lagerräume, in denen Museen die Teile ihrer Sammlung aufbewahren, die aus den unterschiedlichsten Gründen gerade nicht ausgestellt werden können."

„Pah", ereiferte sich Friederike erneut, „‚können' ist gut. Er wollte uns nicht ausstellen lassen, dein feiner Ehemann. Deshalb mussten wir dort jahrzehntelang versauern!"

„Aber, meine Damen! Wer wird denn gleich streiten?", erklang nun eine helle, freundliche Männerstimme und machte dem Geplänkel der Schwestern schließlich ein Ende.

Constantin atmete auf, denn er konnte es nicht ausstehen, wenn in seiner Gegenwart ein Streit ausgetragen wurde. Wem aber hatte er es eigentlich zu verdanken, dass nun damit Schluss war?

Ein Altar ohne Kirche

Der Junge sah sich um und erblickte einen jungen Mann in roten Hosen, einem grünen Oberteil und einer roten Mütze. In der Hand hielt er ein seltsames Musikinstrument.

Constantin zählte die Saiten des Instrumentes, denn er wusste schon, dass die meisten Gitarren sechs Saiten haben, Geigen und Bässe hingegen nur vier. Das, was der junge Mann in der Hand hielt, hatte sechs Saiten, sah aber eher aus wie eine Harfe, doch dafür war es viel zu klein. Ob er ein Straßenmusikant war? Das würde vielleicht auch seine seltsame Kleidung erklären – und warum sich gerade in diesem Moment ein kleiner Vogel auf seiner Schulter niederließ.

Wieder einmal wusste Constantin nicht, was er zuerst fragen sollte. Also fing er mit der Frage an, die ihm selbst am leichtesten zu beantworten schien:

„Was ist das für ein Instrument?"

„Eine Lyra", antwortete der Mann, und damit wusste Constantin auch die Antworten auf seine anderen Fragen:

„Dann bist du ja Orpheus!"

Der Jüngling lächelte erfreut:

„Du kennst mich?"

„Ja", erwiderte Constantin nicht ohne Stolz. „Es gibt ein ziemlich altes Lied, das habe ich schon oft bei meinen Eltern gehört. Es heißt ‚Ich wollte wie Orpheus singen', und darin ist auch von deiner Lyra die Rede und davon, dass die Tiere kommen, um dir zuzuhören."

„Das ist ein Lied von Reinhard Mey, einem bekannten Berliner Liedermacher. Die Geschichte vom Orpheus ist allerdings noch viel älter als dieses Lied."

Es war das erste Mal seit dem Streit der Prinzessinnen, dass sich auch Freddy wieder an der Unterhaltung beteiligte.

„Dann ist es mit deiner Kleidung also nicht so wie bei Friedrich Schiller, den man auf seinem Denkmal extra altertümlich angezogen hat?", wollte Constantin von Orpheus wissen.

„Aber nein", fiel ihm nun wieder Friederike ins Wort. „Orpheus muss schon immer so ausgesehen haben. Davon, wie er mit seinem Gesang und dem Lyra-Spiel selbst wilde Tiere besänftigt hat, erzählen sich die Menschen schon seit Tausenden von Jahren. Und du musst doch zugeben, dass er sich dafür gut gehalten hat, oder?"

Aha – also wieder ein zum Leben erwachtes Denkmal! Doch halt – was hörte Constantin die etwas ungestüme Prinzessin gerade sagen:

„Immerhin gefällt er mir so bedeutend besser als plattgedrückt und zerstückelt, wie er sonst immer auf dem Boden herumliegt."

Plattgedrückt und zerstückelt auf dem Boden – was sollte das nun wieder bedeuten?

Luise erbarmte sich und erklärte es dem Jungen:

„Das ist eigentlich ganz einfach. Unser Freund hier stammt aus einem Bodenmosaik im Pergamonmuseum. Das ist möglicherweise sogar das bekannteste Museum hier auf der Insel. Wenn wir ihn nett darum bitten, zeigt er es uns vielleicht."

Die Freude über diesen Vorschlag war Orpheus deutlich anzusehen.

„Nichts lieber als das", rief er und setzte sich an die Spitze der kleinen Gruppe.

„Halt, halt!", brummte nun jedoch Freddy. „Nicht so hastig! Ich denke, wir sollten schön der Reihe nach vorgehen. Lasst uns wenigstens erst einmal einen Blick auf das Alte Museum werfen."

„Sind die Museen hier denn nicht alle alt?", wollte Constantin wissen. „Die Alte Nationalgalerie heißt doch auch so."

„Das stimmt", antwortete Luise, „aber dieses Museum ist trotzdem etwas Besonderes. Viele meinen, es sei der Anfang der Berliner Museumsgeschichte gewesen, doch das ist nicht ganz der Fall. Vor ihm hat es schon die Kunstkammer im Schloss gegeben und die Universitätsmuseen im Hauptgebäude der heutigen Humboldt-Universität."

„Aha", murmelte Constantin, denn nun wusste er zwar, was das Alte Museum nicht war, konnte aber immer noch nicht verstehen, warum es etwas Besonderes sein sollte.

Friederike sah ihm die Unzufriedenheit an und erklärte es ihm:

„Das Alte Museum ist das erste Gebäude hier, das von Anfang an als Museum geplant und gebaut wurde. Natürlich ist mein Schwager, König Friedrich Wilhelm III., nicht von selbst auf diese Idee gekommen, wie du dir inzwischen vielleicht denken kannst. Nachdem ihm schon lange vorher jemand vorgeschlagen hatte, einige seiner Schätze auszustellen, hatte er dafür letztendlich das Gebäude der Akademie der bildenden Künste im Blick. Es befand sich ein paar Hundert Meter von hier entfernt, und an seiner Stelle hat heute ein Teil der Staatsbibliothek seinen Platz."

„Immerhin hat mein Mann Schinkels Plan sofort genehmigt, ohne ihm seine Eigenmächtigkeit länger nachzutragen. Schließlich sollte der große Baumeister eigentlich nur den entsprechenden Umbau des Akademiegebäudes zu Ende bringen."

Luise wollte es sich nicht nehmen lassen, ihren Gatten zu verteidigen, doch auch Orpheus schlug sich nun auf ihre Seite:

„Weißt du", sagte er zu dem Jungen, „ganz von der Hand zu weisen ist die Idee mit der Akademie nicht, wenn man bedenkt, von welcher Zeit hier die Rede ist. Beim Stil des Klassizismus, der damals vorherrschte, orientierte man sich besonders an Vorbildern aus dem Altertum, aus dem Alten Rom und dem Alten Griechenland. Deshalb sollten die Berliner Kunststudenten die Möglichkeit bekommen, von den alten Kunstwerken zu lernen. Dafür wäre die Akademie als wissenschaftliche Einrichtung gar nicht ungeeignet gewesen. An Besucher aus dem einfachen Volk dachte man erst, als nach dem Krieg gegen

Frankreich vor 200 Jahren zuvor geraubte Kunstwerke wieder nach Berlin zurückkehrten. Sie sollten stolz der Öffentlichkeit gezeigt werden, und so kam es schließlich zu diesem Museum."

Friederike nickte und fügte noch hinzu:

„Nach seiner Eröffnung 1830 war das Museum übrigens montags und samstags für jeden Bauern, Karrenschieber, Fuhrmann usw. geöffnet, an den anderen Wochentagen wurde nur eingelassen, wer seinen Namen schreiben konnte."

Constantin musste lachen:

„Bloß gut, dass es diese Unterscheidung heute nicht mehr gibt. Sonst wüssten die Bauern und die Taxifahrer gar nicht, wann sie denn nun kommen sollen, wo sie doch inzwischen alle schreiben können!"

Er sah auf die Uhr, die er zum vorigen Geburtstag bekommen hatte, dann meinte er:

„Zu schade, dass es schon so spät ist. Jetzt sind ja alle Museen geschlossen. Mit euch wäre ich da wirklich gern hineingegangen."

Orpheus zwinkerte ihm verschmitzt zu, als er antwortete:

„Ich habe dir doch versprochen, dass ich dir mein Bodenmosaik zeige, hast du das etwa schon vergessen?"

Richtig! Nun fiel es Constantin wieder ein, und da jeder seiner Begleiter einen anderen Lieblingsort im Pergamonmuseum hatte, den er ihm unbedingt zeigen wollte, machten sie sich gemeinsam auf den Weg.

Sie liefen am Ufer der Spree entlang und standen kurze Zeit später vor einer Freitreppe. Diese Treppe führte auf einen Platz, der von einem Gebäude in der Form eines U gesäumt wurde.

„Gehört das alles zu einem einzigen Museum?", wollte Constantin wissen.

„Ja und nein", antwortete Orpheus.

„Sagt mal, habt ihr euch abgesprochen? Diese Antwort hat mir Prinzessin Friederike doch heute auch schon einmal gegeben ..."

Orpheus musste lächeln, als er erwiderte:

„Nein, abgesprochen haben wir uns nicht. Es ist nur einfach manchmal so, dass eine Frage nicht mit einem Wort zu beantworten ist. Genau das ist hier der Fall."

Constantin sah ihn fragend an, und Orpheus fuhr fort:

„Alle Gebäudeteile, die du hier siehst, bilden zusammen das berühmte Pergamonmuseum. Dieses aber besteht aus der Antikensammlung, dem Vorderasiatischen Museum und dem Islamischen Museum."

„Und in welches davon gehen wir nun?", fragte der Junge weiter.

Orpheus sah sich im Kreis seiner Begleiter um. Da er sich vorstellen konnte, welche Ausstellungsstücke sie Constantin zeigen wollten, sagte er:

„Ich denke, wir werden es heute bei der Antikensammlung und dem Vorderasiatischen Museum bewenden lassen. Schließlich besuchen mich die Prinzessinnen ab und zu. Daher weiß ich, wo sie sich am liebsten in meinem Museum aufhalten. Was Freddy dir zeigen möchte, versteht sich, glaube ich, von selbst, und das Islamische Museum kannst du dir auch ein andermal mit deinen Eltern anschauen, nicht wahr? Du hast es ja nicht so weit bis zu uns. Für den ersten Eindruck reicht das, was wir uns heute ansehen wollen, ganz bestimmt."

Davon war Constantin überzeugt, denn er wollte unbedingt noch mehr mit Freddy erleben. Also stiegen sie alle die Treppe hinauf, die gleichzeitig einen Flussarm überbrückte. Die riesigen Glastüren des Museumseingangs waren natürlich längst geschlossen, doch nachdem Orpheus dreimal behutsam mit der Faust dagegen geklopft hatte, öffneten sie sich wie von Zauberhand.

„Wohin gehen wir zuerst?", erkundigte sich Constantin, als sie im Foyer standen.

„Ich weiß es, ich weiß es!", rief Friederike, doch Orpheus bremste ihren Eifer:

„Prinzessin, auch ich mag Euren Lieblingsplatz hier sehr, aber meint Ihr nicht, wir sollten der Reihe nach vorgehen und dem Jungen erst einmal das Prunkstück dieser Sammlung zeigen? Schließlich verdankt ihm das Museum seinen Namen."

Dieser Einwand war natürlich völlig berechtigt, doch Luise schlug einen Kompromiss vor:

„Wie wäre es, wenn Orpheus uns als Hausherr zunächst in seinen Raum führt und wir uns danach langsam vortasten?"

Die Idee fand allgemeine Zustimmung, und Orpheus ging wieder voran.

„Na dann, hereinspaziert in die gute Stube!", rief er kurze Zeit später und machte eine einladende Handbewegung.

Als er sah, was für ein Raum mit der „guten Stube" gemeint war, blieb Constantin der Mund offen stehen, und Freddy musste, so gut es für einen Bären eben ging, schmunzeln.

„Da staunst du, was?", fragte er den Jungen zwinkernd, und Orpheus setzte hinzu:

„Ich gebe zu, es ist nicht das, was ihr heute wahrscheinlich darunter versteht, aber da ich nun einmal in diesem Raum zu Hause bin, ist er eben mein Wohnzimmer."

In diesem Moment bemerkte Constantin zwischen den Bodenfliesen einen abgesperrten Bereich, in dem ein eckiger Rahmen zu sehen war. In seinen einzelnen Feldern erblickte er seltsame Tiere, die Mitte hingegen war leer. Nun war dem Jungen alles klar! Das musste das Bodenmosaik sein, von dem Friederike gesprochen hatte. Aus diesem alten Bild aus bunten Steinen war Orpheus zu ihnen gekommen, und ein wenig hatte es den Anschein, als würden die Tiere schon sehnsüchtig darauf warten, dass er zu ihnen zurückkehrte.

Was aber war das für eine Wand dahinter? Es schien, als hätte sie allein zwei Etagen, und durch die vielen Säulen wirkte sie noch prächtiger.

„Das ist das Markttor von Milet", erklärte Orpheus. „Es ist schon fast 2000 Jahre alt und stammt von der Mittelmeerküste der heutigen Türkei. Gebaut wurde es zu Zeiten des römischen Kaisers Hadrian, doch im Mittelalter wurde es durch ein Erdbeben zerstört. Ungefähr 800 Jahre lang lagen die Trümmer in der Erde, bis sie vor etwa 100 Jahren bei Ausgrabungen von deutschen Archäologen gefunden und hierher gebracht wurden."

„Ist das nicht Diebstahl?", wollte Constantin wissen. „Oder durfte man damals einfach etwas, das man gefunden hatte, in ein anderes Land bringen?"

Bei diesen Worten schnalzte Orpheus mit der Zunge, und Friederike sog ganz undamenhaft die Luft durch ihre Zähne ein. Constantin sah seine Begleiter verwundert an:

„Habe ich etwas Falsches gesagt?"

Er war sich keiner Schuld bewusst, und Freddy beruhigte ihn:

„Im Gegenteil. Gerade weil deine Frage so gut war, ist sie schwer zu beantworten, denn das ist ein alter Streit zwischen Politikern, Historikern und Kunstwissenschaftlern der beteiligten Länder. Die deutschen Forscher durften dort wohl graben, die weiteren Vereinbarungen sind jedoch nicht immer eindeutig. Es hat auch schon Fälle gegeben, in denen Ausstellungsstücke an ihre Ursprungsländer zurückgegeben wurden. Deshalb schlage ich vor, wir freuen uns jetzt an den Dingen, die wir hier sehen, und wenn sich die Länder auf die eine oder andere Weise einigen, werden wir es bestimmt erfahren."

„Auf jeden Fall solltest du noch wissen, dass das Tor nach der Ausgrabung erst hier im Museum wieder aufgebaut wurde und deshalb bis heute angesehen werden kann."

Noch während Orpheus das sagte, trat Prinzessin Friederike ungeduldig von einem Bein auf das andere, und Luise musste sie zurechtweisen:

„Nun sei doch nicht so ungeduldig! Ich weiß ja, was du unserem kleinen Freund zeigen willst, aber du wirst doch wohl noch einen Moment warten können!"

„Das schon", erwiderte Friederike, „aber es ist so ..." Ihr wollte nicht einmal das richtige Wort einfallen, so aufgeregt war sie, dann rief sie aus: „So magisch!"

Nun war es an Orpheus, sie verwundert anzusehen.

„Was ist denn daran magisch?", wollte er wissen.

„Du weißt es wirklich nicht?", fragte Luise zurück und beeilte sich zu erklären: „Meine Schwester findet, das sei, als würde man in einer Zeitmaschine reisen."

„In einer Zeitmaschine?" Constantins Augen wurden immer größer. „So etwas gibt es doch gar nicht!"

„Natürlich gibt es das nicht, das weiß ich auch!", lachte Friederike und nahm ihn bei der Hand. „Aber es ist wirklich so, als ob ... Komm, ich zeige es dir!"

Sie führte ihn an die Öffnung des Markttores heran und sagte:

„Hier sind wir in einer römischen Stadt um das Jahr 130."

Dann ging sie mit dem Jungen durch das Tor und forderte ihn auf: „Jetzt dreh dich um!"

Constantin traute seinen Augen kaum. Er stand wieder vor einem Tor, doch sah dieses ganz anders aus. Statt der hellen Säulen bestand es aus blauen Kacheln und war mit vielen Tierreliefs verziert.

„Siehst du", sagte Friederike, „das habe ich gemeint. Man tritt

durch dieses Tor, und schon ist man im Zweistromland, im Babylon des 6. Jahrhunderts vor Christus."

„Was du hier siehst, ist das berühmte Ischtar-Tor", erklärte nun Luise. „Es wurde nach der Kriegs- und Liebesgöttin Ischtar benannt."

„Und was sind das für Tiere auf den Kacheln?", wollte Constantin wissen.

„Es sind keine Kacheln im eigentlichen Sinne, sondern Ziegel aus Ton mit einer farbigen Lasur", sagte Luise, und Friederike ergänzte:

„Die Tiere stellen Gottheiten der Babylonier dar: Der Löwe steht für Ischtar selbst, die übrigens auch als Herrin des Himmels galt, der Stier verkörpert den Wettergott Adad und der Drache Marduk den Gott der Stadt und der Fruchtbarkeit."

„All das ist aber nur ein kleiner Teil des Tores, in Wirklichkeit war es viel größer. Immerhin war es Teil der Mauern von Babylon, die in einigen Listen zu den sieben Weltwundern der Antike gezählt werden."

Luise machte eine Pause, damit der Junge alles auf sich wirken lassen konnte. Das war auch nötig, denn wer konnte schon von sich behaupten, dass er vor einem der Weltwunder gestanden hatte? (Dass es nur ein Teil davon gewesen war, musste er ja niemandem erzählen.)

„Schade, dass von den Mauern selbst nichts erhalten geblieben ist", sagte Constantin nach einer Weile. „Ich hätte zu gern das ganze Weltwunder gesehen."

„Das kann ich gut verstehen", antwortete Luise. „Aber vielleicht tröstet es dich ja ein wenig, dass hier noch ein Teil der Straße ausgestellt ist, die früher durch das Tor und die Innenstadt von Babylon zur Euphratbrücke geführt hat."

„Was, wirklich?" Constantin konnte es kaum glauben.

„Komm", sagte nun Friederike. „Ich zeige dir die Prozessionsstraße von Babylon."

Wieder nahm sie ihn an die Hand, und obwohl er eigentlich schon zu groß dafür war, ließ es der Junge geschehen. Einen Augenblick später stand er in einem Gang des Museums, den zu beiden Seiten genau solche Ziegel schmückten, wie Constantin sie zuvor am Ischtar-Tor gesehen hatte. Allerdings waren hier auf den Reliefs nur Löwen dargestellt.

„Wie kann man denn einen ganzen Straßenzug in einem Museum unterbringen?", fragte er. „Ist das Gebäude dafür nicht zu klein?"

„Eigentlich schon", stimmte Luise zu. „Aber was du hier siehst, ist ebenfalls nur ein Teil der Straße. In Wirklichkeit war sie dreimal so breit und viel, viel länger. Schau, hier an dem Modell kannst du es sehen."

Sie wies auf einen großen Glaskasten in der Mitte des Ganges. Darin konnte man sehr gut erkennen, wie groß das Tor tatsächlich einmal gewesen sein musste und wie die Prozessionsstraße auf das Tor zu führte.

„Nun kommt", mischte sich auf einmal wieder Freddy in das Gespräch. „Ich denke, es ist an der Zeit, dass wir unserem jungen Freund das Ausstellungsstück zeigen, für das vor mehr als 100 Jahren das erste Pergamonmuseum gebaut wurde."

„Das erste?", wunderte sich Constantin. „Gibt es denn noch ein anderes?"

„Ja, dieses hier", erklärte Friederike, ohne mit der Wimper zu zucken. Als Luise sah, dass diese Antwort den Jungen nur noch mehr verwirrte, setzte sie hinzu:

„Das alte Pergamonmuseum erschien den Menschen schon bald nicht mehr groß und prächtig genug. Deshalb wurde es

abgerissen und dann, sage und schreibe, zwanzig Jahre lang ein neues Haus gebaut. Das ist das Pergamonmuseum, das du heute siehst."

„Und was ist nun das Prunkstück, für das dieser ganze Aufwand betrieben wurde?" Jetzt wollte es Constantin endlich wissen.

„Der Pergamonaltar", antworteten seine vier Begleiter wie aus einem Munde, während sie weitere Räume des Museums durchquerten.

„Seit wann steht denn ein Altar in einem Museum?", fragte der Junge. „Ich dachte immer, so etwas gehört in eine Kirche."

„Damit hast du in der heutigen Zeit sicher auch in den meisten Fällen recht", erwiderte nun Orpheus. „Doch zu der Zeit, als dieser Altar geschaffen wurde, gab es noch gar keine Kirchen im heutigen Sinne."

„Keine Kirchen?" Das konnte sich Constantin kaum vorstellen.

„Nein", sagte Orpheus. „Die Menschen glaubten an viele Götter gleichzeitig, und der Altar, von dem hier die Rede ist, stand unter freiem Himmel."

„Hat das denn nicht dem Holz geschadet?" Constantin konnte sich nicht erklären, wie ein Altar, der Wind und Wetter schutzlos ausgeliefert war, so viele Jahrhunderte hätte überdauern können.

„Dieser Altar besteht aus Marmor, und nur deshalb können wir uns noch heute an ihm erfreuen", erklärte Freddy. „Immerhin ist er schon 2200 Jahre alt und wurde bereits im 7. Jahrhundert stark zerstört. Erst bei Ausgrabungen vor etwas mehr als hundert Jahren hat man die Teile wiederentdeckt, die heute hier zu sehen sind. Bevor wir in den Raum gehen, in dem sie ausgestellt sind, solltest du allerdings noch wissen, dass die Figuren ursprünglich farbig waren, auch wenn man sie heute nur noch als weiße Reliefs bewundern kann."

Mit diesen Worten stieß der Bär eine Tür auf, und sie standen vor einer großen Freitreppe, die zu einem Säulengang hinaufführte.

„Siehst du, das war die Vorderansicht des Altars. Ursprünglich hat er auf einer Anhöhe mitten in Pergamon gestanden. Diese Stadt heißt heute Bergama und befindet sich in der Türkei."

„So einen großen Altar habe ich noch nie gesehen", gab Constantin zu.

„Ob du es glaubst oder nicht", sagte Freddy, „in Wirklichkeit war auch er noch viel größer. Er war fast quadratisch, und die Kantenlänge betrug jeweils über dreißig Meter. Auf einer Plattform, die von den Säulen umgeben war, konnten den Göttern Opfer gebracht werden. Der Figurenfries, auf dem der Kampf der Götter gegen die Giganten gezeigt wurde, verlief um den gesamten Altar. Die Reliefplatten, die bis heute erhalten geblieben sind, kannst du nun am Altar und den Wänden dieses Saales sehen. Kennst du dich ein wenig mit der griechischen Götterwelt aus?"

„Nun ja", antwortete Constantin verlegen. „Ich kenne Orpheus und einige andere Sagengestalten."

„Das ist doch schon was", meinte Orpheus anerkennend. „Dann hast du sicher auch schon von Zeus gehört, stimmt's?"

„Dem Göttervater vom Olymp?", fragte Constantin zurück.

„Ganz genau", bestätigte Freddy. „Ihm und seiner Tochter Athene könnte der Altar geweiht gewesen sein, da sie innerhalb des Reliefs an einer besonders bedeutsamen Stelle dargestellt wurden."

„Schade, dass viele der Figuren keine Köpfe mehr haben", stellte der Junge fest.

„Damit hast du zwar recht", räumte Luise ein, „aber wenn man bedenkt, wie alt sie sind, sieh es doch eher so: Wie schön, dass auch nach Tausenden von Jahren noch so viel erhalten ist. Für alles andere kannst du doch deine Fantasie zu Hilfe nehmen, meinst du nicht?"

Doch, das konnte er wohl. Deshalb nahm sich Constantin ganz fest vor, die Sage von den Göttern und den Giganten noch einmal gründlich zu lesen und sich mit diesem Wissen den Altar vielleicht mit seinen Eltern zusammen noch einmal anzusehen.

„Ich denke, ich muss nun wieder in meinen Saal zurückkehren", meldete sich Orpheus in diesem Moment. „Meine Tiere und auch der Kaiser, der direkt neben mir sitzt, warten bestimmt schon auf mich."

Auch wenn es ihnen leidtat, sich von dem freundlichen Sänger verabschieden zu müssen, konnten ihn seine Begleiter verstehen und versuchten nicht, ihn zurückzuhalten. Constantin versprach, ihn bald wieder besuchen zu kommen, und so zogen sie alle ihrer Wege: Orpheus in Richtung des Markttores von Milet und die anderen dem Ausgang entgegen.

Die schönste Frau der Stadt

Als sie das Pergamonmuseum verlassen hatten, traten sie in einen kleinen Park hinaus – mit vielen Grünflächen, auf denen hier und da ebenfalls Skulpturen standen.

„Na also", sagte Friederike, „nun sind wir auch wieder zu Hause angekommen."

„Warum?" Constantin verstand nicht gleich, was sie meinte, denn er war sich sicher, dass die beiden Prinzessinnen normalerweise nicht unter freiem Himmel standen.

„Schau dich doch einmal um", antwortete Luise. „Auf diesem Platz treffen drei Museen aufeinander: das Pergamonmuseum, das Neue Museum und die Alte Nationalgalerie."

Ach, richtig! Davon hatten die beiden Damen ja ganz zu Anfang erzählt, als Constantin sie kennengelernt hatte. Deshalb beeilte er sich zu versichern:

„Stimmt, jetzt fällt es mir wieder ein! Dort wohnen Sie ja!"

„Ganz genau", sagte Luise, und weil sie die ältere und vernünftigere der beiden war, setzte sie hinzu: „Ich denke, deshalb sollten wir uns jetzt auch verabschieden. Bestimmt werden wir schon erwartet."

Dafür hatte Constantin Verständnis, und er bedankte sich zum Abschied artig dafür, dass die Prinzessinnen ihm ihre Zeit geschenkt und so viel gezeigt hatten.

Als sie wieder allein waren, sagte Freddy:

„Wenn wir schon einmal hier sind, sollte ich dir unbedingt noch die schönste Frau Berlins zeigen."

„Ach, war das denn nicht Luise?", wunderte sich der Junge.

„Nein", erwiderte der Bär. „Luise war zwar auch eine sehr schöne Frau, aber geschätzt wird sie bis heute wegen anderer Eigenschaften. Zunächst waren es ihre offene Art und ihre

Freundlichkeit, die die Menschen für sie einnahmen. Später jedoch rühmten sie ihre Tapferkeit und Entschlossenheit. Luise war sehr zielstrebig und wissbegierig. Sie las viel, hörte sich Vorträge an und sprach gern mit Männern wie Wilhelm von Humboldt, um alles noch besser verstehen zu können. So wurde sie ihrem Mann eine kluge Beraterin, und obwohl sie sehr jung gestorben ist, verehren sie die Berliner bis heute."

„Aha", sagte Constantin, denn eines konnte er sich dennoch kaum vorstellen: „Wer ist denn aber noch schöner als sie?"

Ein wenig erinnerte ihn die Frage an den Spiegel von Schneewittchens Stiefmutter aus dem Märchen, doch Freddy antwortete völlig ernst:

„Du wirst es nicht glauben, aber diese Dame ist noch bedeutend älter als Luise, und eine Königin war sie auch. Sie stammt aus dem Alten Ägypten und heißt Nofretete."

Constantin sah sich suchend um, denn nach allem, was er bisher erlebt hatte, wartete er geradezu darauf, dass die betreffende Dame gleich in voller Schönheit vor ihm stehen würde. Der Bär bemerkte seinen Blick und schüttelte den Kopf.

„Oh nein", sagte er. „Diese Königin wird nicht zu uns kommen. Wir werden sie schon selbst besuchen müssen. Komm, wir gehen zu ihr."

Kurze Zeit später stieß Freddy einen schrillen Pfiff aus. Constantin war so von der Schönheit der Museumsinsel mit ihren ordentlichen Rasenflächen, den anmutigen Figuren und dem märchenhaften Springbrunnen gefangen genommen, dass er sogar vergaß, sich darüber zu wundern, dass ein Bär pfeifen kann. Dabei kannte er das eigentlich nur von Meerschweinchen, und das konnte man nun wirklich nicht vergleichen!

Er sah, wie auf Freddys Signal hin zwei Jungen aus Stein von der Fassade des Neuen Museums zu ihnen herabgeschwebt kamen. Beide hielten etwas in der Hand: einer eine kleine Skulptur und der andere eine Schriftrolle.

„Wer ist das?", flüsterte Constantin Freddy zaghaft ins Ohr, als die Jungen sie freudig begrüßten.

„Wir sind die Leibdiener der großen Königin", erwiderte einer der Jungen, der deutlich kleiner war als Constantin.

„Wohnt denn hier wirklich eine lebendige Königin?" Constantin konnte es kaum glauben. Davon hätte er doch sicher schon gehört.

„Nun ja", sagte der zweite Junge. „Sie ist so lebendig wie wir alle hier." Bei diesen Worten klopfte er sich lächelnd gegen seine Brust aus Stein und fügte hinzu: „Etwas anderes wäre bei einem Alter von mehr als 3000 Jahren aber wohl auch kaum zu erwarten. Doch im Ernst: Was du hier zu sehen bekommst, ist nur die Büste der großen Königin. Sie allein ist aber schon so bedeutsam, dass sie nicht ohne Leibwächter auskommt. Deshalb passen wir Tag und Nacht auf sie auf. Und nun kommt, wir bringen euch zu ihr."

Er machte eine einladende Handbewegung, und schon öffnete sich die schwere Holztür des Neuen Museums.

Im Inneren erblickte Constantin eine breite Marmortreppe und davor zwei Löwenfiguren.

„Sind sie das Vorbild für die Skulptur, die du in der Hand hältst?", fragte Constantin den ersten Jungen.

„Nein", antwortete dieser. „Wenn du genau hinschaust, siehst du, dass ich eine Sphinx halte."

„Was ist denn das?" Constantin hatte dieses Wort noch nie gehört.

„Eine Sphinx ist ein Löwe mit einem Menschenkopf. Skulpturen dieser Fabelwesen wurden im Alten Ägypten häufig als Wächter zum Beispiel vor Tempeln platziert."

Das war ja spannend! Ob es mit der Schriftrolle, die der andere Junge hielt, auch etwas Besonderes auf sich hatte?

„Das könnte eine Papyrusrolle sein", beantwortete Freddy die Frage, obwohl sich Constantin sicher gewesen war, dass er sie nicht laut ausgesprochen hatte.

„Davon habe ich schon gehört", sagte er dennoch, denn er war stolz, dass er das wusste. „So hieß doch der Vorläufer unseres Papiers, stimmt's?"

„Ja", sagte der zweite Junge. „Es stammt ebenfalls aus dem Alten Ägypten. Dort wurde es schon vor etwa 5000 Jahren aus einer bestimmten Graspflanze hergestellt."

Daran, dass auf dieser Insel viele Dinge Hunderte Jahre alt waren, hatte Constantin sich im Laufe des Abends fast schon gewöhnt. Hier aber ging es immer wieder um Jahrtausende. Das passte doch irgendwie nicht zusammen.

„Warum heißt euer Museum eigentlich Neues Museum, wenn doch die Ausstellungsstücke viel älter sind als im Alten Museum?", wollte er wissen.

„Weil das Alte Museum vorher da war", erklärte nun wieder der erste Junge. „Friedrich August Stüler, ein Schüler des großen Baumeisters Schinkel, schuf das Neue Museum fünfzehn Jahre nach dem Alten Museum als Ergänzungsbau dazu. Eigentlich sollten hier die Sammlungen gezeigt werden, die im Alten Museum keinen Platz gefunden hatten."

„Unsere Königin hat jedoch erst später ihren Einzug gehalten", fügte der erste Diener hinzu. „Ihre Büste wurde 1912 von einem deutschen Forscher in einer Ruinenstadt in Ägypten gefunden. Er entdeckte sie übrigens noch in der Werkstatt eines Bildhauers. Deshalb war es wahrscheinlich so, dass diese Büste sozusagen das Muster für viele weitere war, die natürlich nicht erhalten geblieben sind. In den Zwanzigerjahren des vorigen Jahrhunderts kam sie jedenfalls zum ersten Mal in dieses Museum hier."

„Warum denn zum ersten Mal?", fragte Constantin nach.

„Ebenso bewegt wie die Geschichte unserer Stadt war in den letzten hundert Jahren auch Nofretetes Leben hier", antwortete Freddy. „Als Berlin geteilt war, befand sich die Büste im anderen Teil der Stadt. Später konnte sie nicht zurückkehren, weil das Museum erst wiederaufgebaut werden musste, aber seit einigen Jahren steht sie nun schon an ihrem angestammten Platz und lässt sich gern bewundern. Nicht umsonst bedeutet ihr Name ‚die Schöne ist gekommen'."

„Dann wollen wir sie auch auf keinen Fall länger warten lassen und selbst zu der Schönen kommen", sagte Constantin verschmitzt und ließ sich von den beiden Jungen die große Treppe hinaufführen.

Sie durchquerten noch einige Räume, bis sie in einem Saal standen, dessen eine Wand eine Nische aufwies. Die Decke dieser Nische war wie ein Gewölbe gearbeitet, unter dem eine Büste aus hellem Stein stand. Eine Hälfte des Gesichts war nicht mehr richtig zu erkennen.

„Ist das eure Königin?", fragte Constantin, und die Enttäuschung war ihm deutlich anzumerken. Nach allem, was er bisher gehört hatte, hatte er sie sich ganz anders vorgestellt.

„Aber nein", beruhigte ihn der Junge mit der Papyrusrolle. „Das ist der Pharao Echnaton, ihr Ehemann, dem sie später auch auf den Thron folgte. Seine Büste wurde am selben Tag gefunden wie die unserer Königin, jedoch war diese wohl schon in der Antike zerstört worden."

„Kommt, nun ist es aber an der Zeit, dass wir der Königin einen Besuch abstatten", sagte der Junge mit der Sphinx und ging voran in den Nebensaal.

Hier stand sie in der Mitte des Raumes hinter Glas, die Büste, die als das schönste Gesicht Berlins gilt.

„Das ist sie, die Gebieterin von Ober- und Unterägypten aus dem 14. Jahrhundert vor Christus. Siehst du, wie ebenmäßig ihre Gesichtszüge sind?", fragte Freddy, und dem Bären war die Begeisterung anzumerken.

„Ja." Constantin hauchte es fast, als wollte er die Stille dieses Raumes nicht stören. „Und was für Farben! Das Gesicht wirkt so lebendig!"

Er trat einige Schritte zurück, um die Büste noch besser betrachten zu können. Dabei wäre er fast gegen ein weiteres Ausstellungsstück gestoßen. Er drehte sich um und sah es verwundert an.

„Nanu? Noch eine Nofretete?", fragte er. „Warum ist diese denn aus Metall und steht hier völlig frei? Ist sie nicht so wertvoll wie die andere?"

„Nein", sagte der Junge mit der Sphinx. „Das ist eine Kopie der eigentlichen Büste."

„Eine Kopie? Ist so etwas nicht verboten?" Constantin konnte sich das Ganze noch immer nicht erklären.

„Verboten wäre es nur, wenn man versuchen würde, die Kopie als echt zu verkaufen."

„Das geht hier nicht", stellte Constantin fest. „Die Kopie ist ja nicht einmal bemalt."

„Das hast du gut beobachtet", lobte ihn der Junge mit der Papyrusrolle. „Wie du schon sagtest, besteht diese Skulptur auch nicht aus Kalkstein und Gips wie das Original, sondern aus Metall. Sie ist nämlich dafür gedacht, dass blinde Museumsbesucher die Schönheit der Büste erfahren können, indem sie sie ertasten."

„Stimmt, da steht ja auch etwas in Blindenschrift!", rief Constantin aus.

„Genau, in Brailleschrift."

Nun schaltete sich auch Freddy wieder in das Gespräch ein, doch Constantin widersprach ihm:

„Nein, diese Schrift ist nicht wie Brei. Fühl mal, die einzelnen Punkte sind ganz hart."

In diesem Augenblick hätte Freddy wieder geschmunzelt, wenn er es gekonnt hätte. So aber beeilte er sich, das Missverständnis aufzuklären:

„Nein, mit Brei hat das tatsächlich nichts zu tun, es klingt nur ein wenig ähnlich. Die Blindenschrift, wie du sagst, wurde nach dem Franzosen Louis Braille benannt. Er lebte vor 200 Jahren und war schon als kleines Kind erblindet. Da er Bücher nicht nur vorgelesen bekommen wollte, entwickelte er bereits als Jugendlicher aus den damals vorhandenen Tastschriften die heutige Schrift für Blinde. Bei der Brailleschrift entsprechen jedem Buchstaben und jeder Zahl jeweils bis zu sechs unterschiedlich angeordnete Punkte. Inzwischen wird diese Schrift auch in abgewandelter Form in vielen Ländern auf der ganzen Welt verwendet."

„Aha, so ist das also!"

Nach dieser ausführlichen Erklärung sah Constantin sich die Aufschrift noch einmal genauer an und nahm sich vor, die Punkte zum Beispiel auf Fahrstuhlknöpfen in Zukunft stärker zu beachten.

Freddy aber war inzwischen mit seinen Gedanken bereits wieder woanders.

„Wenn wir schon einmal hier sind, sollten wir die Gelegenheit nutzen, um einen Blick in die Zukunft zu werfen, meinst du nicht?", fragte er seinen kleinen Begleiter.

„Schon wieder eine Zeitreise?", fragte Constantin zurück.

„Gewissermaßen", erwiderte Freddy. „Wo sonst kann man mit einem kleinen Umweg über die Vergangenheit schon ein paar Jahre in die Zukunft schauen?"

Constantin verstand noch immer nicht, was der Bär meinte, doch da er Zutrauen zu ihm gefasst hatte, ließ er ihn gewähren. Freddy führte ihn wieder zurück ins Erdgeschoss, und nachdem sie durch mehrere Räume gelaufen waren, standen sie auf einer Galerie. In der Mitte dieses Saales ging es noch einmal ein Stockwerk hinab.

Freddy trat an die Brüstung der Galerie heran und bedeutete Constantin, dasselbe zu tun.

„Na, was siehst du?", fragte er.

„Einige Schriftstücke an den Wänden und in der Mitte verschiedene alte Särge", antwortete der Junge und erschauderte ein wenig.

„Du hast recht, das sind Sarkophage", sagte nun der Junge mit der Papyrusrolle, denn Nofretetes Leibdiener waren inzwischen wieder zu ihnen gestoßen. „Aber keine Angst, sie sind wirklich schon sehr, sehr alt."

„Dann wundert es mich erst recht, dass du von einem Blick in die Zukunft gesprochen hast."

Constantin sah den Bären fragend an.

„Was du hier siehst, ist der Umweg über die Vergangenheit, den ich erwähnt hatte", erwiderte Freddy. „Die Sarkophage sind natürlich ein Teil der Geschichte, aber die Zukunft beginnt mit diesem Raum dort unten."

Nun verstand Constantin überhaupt nichts mehr, doch der Junge mit der Sphinx kam ihm zu Hilfe.

„Eines Tages sollen alle Museen auf dieser Insel durch einen unterirdischen Gang miteinander verbunden sein, die Archäologische Promenade. Dieser Saal dort unten ist bereits ein Teil davon, und wenn alles gut geht, kannst du schon in ein paar Jahren sozusagen von Pergamon nach Ägypten laufen, ohne zwischendurch in Berlin auftauchen zu müssen. Na, wie findest du das?"

Constantin überlegte. Dann sagte er:

„Bei Regen stelle ich mir das ganz praktisch vor, aber wenn die Sonne scheint, finde ich die Museumsinsel selbst auch sehr schön."

„Dann wollen wir jetzt keine Zeit mehr verlieren und den Anblick noch ein wenig genießen", meinte Freddy, und Constantin stimmte ihm darin unumwunden zu.

Am Ausgang des Neuen Museums verabschiedeten sie sich von den beiden Jungen. Diese kehrten an ihren Platz an der Fassade zurück, und Freddy und sein kleiner Freund brachen zu neuen Entdeckungen auf.

Aus Alt mach Neu

Es dauerte nicht lange, und sie standen wieder auf dem Platz mit der großen Granitschale, die Prinzessin Friederike so abwertend „Suppenschüssel" genannt hatte.

Constantin sah sich noch einmal um, und dabei fiel ihm auf, dass es hier ein Gebäude gab, von dem ihm Freddy noch nichts erzählt hatte:

„Was ist das eigentlich für eine riesige Kirche?", fragte er deshalb und, um sich zu vergewissern: „Es ist doch eine Kirche, oder? Ganz oben auf dem Dach sehe ich zumindest ein Kreuz."

„Das hast du vollkommen richtig erkannt", sagte Freddy. „Das Dach ist hier wieder eine Kuppel, deshalb spricht man von einem Dom."

„So wie der Deutsche und der Französische Dom?"

„Ja, genau so. Das hier ist der Berliner Dom. Nach allem, was du heute schon gesehen hast – was meinst du wohl, wie alt er ist?"

Constantin dachte nach, dann sagte er zögerlich:

„Na ja, ein paar Hundert Jahre werden es schon sein, oder?"

Freddy hüpfte ein wenig vor Freude, dann sagte er: „Es ist doch zu schön zu beobachten, wie immer wieder alle auf diesen Schwindel hereinfallen. Wenn man Touristen danach fragt, verschätzen sie sich meistens genauso wie du gerade. Das ist nämlich eine Fangfrage!"

„Was für einen Schwindel meinst du denn?", fragte der Junge erschrocken. „Ist das gar kein Dom?"

„Aber nein", beruhigte ihn Freddy. „Ich habe dich nicht angeschwindelt. Das ginge auch gegen meine Ehre als Wappentier. Der Schwindel besteht darin, dass das Gebäude viel älter wirkt, als es eigentlich ist. Tatsächlich wurde es nämlich vor gerade einmal gut hundert Jahren gebaut. Es stammt also vom Anfang des vorigen Jahrhunderts."

„Und warum sieht der Dom dann viel älter aus? Hat das auch wieder etwas mit dem Alten Rom zu tun?", wollte Constantin wissen.

„Mit Rom hat es tatsächlich etwas zu tun", erwiderte Freddy, „allerdings nicht mit dem Altertum. Vielleicht hast du schon einmal davon gehört, dass es in Rom eine große Kirche gibt, die für viele Menschen auf der Welt sehr wichtig ist. Das ist der Petersdom. Der letzte deutsche Kaiser aber wollte direkt vor seinem Fenster eine Kopie dieser Kirche haben, und so befahl er, hier den Berliner Dom zu bauen."

„Und der sieht genauso aus wie dieser Petersdom?"

Constantin konnte es kaum glauben.

„Nein", antwortete Freddy. „Zum einen ist er kleiner, zum anderen ist dies hier kein katholischer Dom wie der in Rom. Dafür findet man hier im Innenraum Bilder von Martin Luther und anderen bedeutenden Personen der evangelischen Kirche."

Constantin kam ins Grübeln, und der Bär ließ ihm einen Moment Zeit, um das Gehörte zu verstehen. Einen Augenblick später wusste der Junge, was ihn an der Erzählung seines Begleiters stutzig gemacht hatte.

„Du hast doch gerade gesagt, der Kaiser wollte den Dom vor seinem Fenster haben. Wo hat er denn aber gewohnt?"

Der Bär wies auf die gegenüberliegende Straßenseite.

„Siehst du das?"

Nein, Constantin konnte beim besten Willen nichts erkennen, was auf die Gemächer eines Kaisers hingedeutet hätte.

„Ich sehe nur eine große Baustelle", sagte er enttäuscht.

„Dann ist das wohl der Moment für unsere nächste Zeitreise", meinte Freddy, „und diesmal müssen wir uns die Vergangenheit und die Zukunft gleichermaßen anschauen."

Nun war Constantin vollends verwirrt:

„Wir reisen gleichzeitig in die Vergangenheit und die Zukunft? Kommen wir da nicht wieder exakt in der Gegenwart an?"

„Da hat aber jemand in Mathematik wirklich gut aufgepasst", stellte Freddy fest. „Du kannst dir doch sicher denken, dass ich das eher im übertragenen Sinne gemeint habe. Denn um die Zukunft zu begreifen, muss man die Vergangenheit kennen. Das gilt in diesem Fall ganz besonders."

Den Satz mit der Zukunft und der Vergangenheit hatte Constantin schon gehört, aber was hatte es gerade hier damit auf sich? Baustellen gab es in Berlin fast an jeder Straßenecke. Daran war doch eigentlich nichts Besonderes? Etwas Kaiserliches konnte er daran auch nicht entdecken.

Freddy hatte sich dennoch vorgenommen, den Jungen allein darauf kommen zu lassen, was es hier zu sehen gab. Deshalb fragte er:

„Erinnerst du dich daran, wie die Brücke heißt, über die wir auf die Museumsinsel gekommen sind?"

Constantin dachte kurz nach, dann fiel es ihm wieder ein:

„Schlossbrücke!", rief er und freute sich, dass er es behalten hatte. Dann fügte er hinzu: „Sollte in der Nähe einer Brücke, die so heißt, nicht auch ein Schloss sein?"

Der Bär nickte und sah ihn abwartend an. In diesem Augenblick ging Constantin, wie man so sagt, ein Licht auf:

„Du meinst, hier wird ein Schloss gebaut?" Irgendwie passte all das für ihn noch immer nicht zusammen: „Aber für wen denn? Kaiser und Könige gibt es doch gar nicht mehr. Und warum baut man das Schloss erst jetzt, wo doch die Brücke dazu bestimmt schon 200 Jahre alt ist?"

„Genau das ist es", sagte Freddy. „Du hast mit deinen Fragen den Nagel auf den Kopf getroffen. Das sind die Dinge, über die in Berlin seit gut zwanzig Jahren diskutiert wird."

„So lange gibt es diese Baustelle schon?"

Nein, das war doch nicht möglich! In der Zeit wäre bestimmt alles längst fertig gewesen!

„Es ist etwas komplizierter", antwortete der Bär. „Deshalb müssen wir erst mit unseren Gedanken in die Vergangenheit reisen, dann ist es leichter zu verstehen." Constantin nickte und hörte aufmerksam zu. Freddy aber fuhr fort:

„An dieser Stelle, wo jetzt die große Baustelle ist, hat früher das Stadtschloss der preußischen Könige gestanden."

„Aber das war doch nicht das einzige Schloss in Berlin, oder? Ich denke, ich habe in anderen Stadtbezirken schon Schlösser gesehen."

„Da hast du völlig recht", stimmte Freddy zu. „Das bekannteste von ihnen ist sicher das Schloss Charlottenburg, aber es gibt beispielsweise auch noch das Schloss Köpenick, das Schloss Friedrichsfelde und das Schloss Schönhausen. In all diesen Gebäuden haben zu unterschiedlichsten Zeiten Mitglieder der Königsfamilie gelebt, und heute sind das in der Regel Museen. Das Schloss Bellevue ist der Sitz unseres Staatsoberhauptes, des Bundespräsidenten. Das größte und bedeutendste unter den Schlössern war aber das sogenannte Stadtschloss. Der erste Teil davon war bereits in der Mitte des 15. Jahrhunderts gebaut worden, und im Laufe der Zeit waren wohl alle Baumeister daran beteiligt, die in dieser Stadt Rang und Namen hatten."

„Ist es denn so lange gebaut worden?", staunte Constantin.

„Es wurde immer wieder erweitert oder dem jeweils modernen Stil angepasst", sagte Freddy.

„Aber wenn es doch schon da war", wunderte sich der Junge, „warum wird jetzt ein ganz neues Schloss gebaut?"

„Weil es zwischendurch leider auch wieder weg war", antwortete Freddy leichthin.

„Wie – weg?" Constantin konnte es nicht fassen. „Das ganze Schloss? So etwas verschwindet doch nicht einfach."

„Nein", schmunzelte der Bär. „Das tut es natürlich nicht. Es ist wie die meisten Gebäude hier im Stadtzentrum während des Krieges schwer zerstört worden. Der Dom gegenüber ist beispielsweise völlig ausgebrannt. Aber im Gegensatz zu ihm wurde das Schloss zunächst nicht wieder aufgebaut."

„Warum nicht? Wo so viele bedeutende Baumeister daran mitgewirkt hatten?"

Constantin verstand das nicht. Schließlich bemühten sich doch sonst immer alle, die alten Gebäude zu erhalten.

„Das hat wohl weniger mit dem Gebäude als mit seinen früheren Bewohnern zu tun", antwortete Freddy. „Nachdem in der deutschen Geschichte nicht nur gute Entwicklungen von Königen und Kaisern ausgegangen waren, wollte man in diesem Teil des Landes nach dem letzten Krieg gar nichts mehr mit ihnen zu tun haben. Deshalb wurde das Schloss abgerissen, und nur einige Einzelteile sind von ihm erhalten geblieben: Fassadenschmuck, kleinere Geländer und so weiter. Seit Berlin wieder vereint ist, wurde nun diskutiert, ob das Schloss noch einmal aufgebaut werden soll, und letztendlich hat man sich dafür entschieden."

„Aber es gibt doch gar keinen König mehr, der darin wohnen könnte", wandte der Junge ein.

„Damit sind wir mit unserer Zeitreise in der Zukunft angekommen", verkündete Freddy. „Wenn das Schloss einmal fertig ist, wird es ein großes Kultur- und Forschungszentrum. Es wird dann einen Namen tragen, der dir inzwischen schon vertraut ist: Humboldt-Forum".

„Nach welchem der Brüder wird es denn benannt?", fragte Constantin nach, denn nun wollte er es ganz genau wissen.

„Nach beiden natürlich", antwortete Freddy. „Hier wird es Museen und Bibliotheken geben, und das Humboldt-Labor wird anschaulich zeigen, wie wichtig die Wissenschaft im Alltag von uns allen ist. In verschiedenen Stockwerken erfährt man dann etwas über die Kultur anderer Völker in allen Teilen der Welt."

„Das finde ich spannend!", sagte Constantin. „Wann ist denn das alles fertig?"

„Oh, da musst du dich noch eine Weile gedulden! Das eine oder andere Jahr wird es schon noch dauern."

„Und dann sieht alles wieder genauso aus wie früher?"

Der Bär schüttelte den Kopf.

„Nein", erwiderte er. „Im Inneren wird alles ganz modern. Schließlich sollen hier in erster Linie Forscher arbeiten und Besucher viel Neues erfahren. Da braucht man ja keine Königsgemächer mehr. Von außen aber soll alles wieder in der alten Schönheit erstrahlen. Du kannst dir gar nicht vorstellen, wie viele Bildhauer und Steinmetze gerade damit beschäftigt sind, die alten Reliefs und Skulpturen wiederherzustellen. Viele von ihnen waren nämlich beim Abriss des Schlosses verlorengegangen."

Constantin blieb stehen und dachte nach. Dann sprach er aus, was ihn bewegte:

„Ist das dann nicht alles so etwas wie eine Fälschung?"

„Das ist eine sehr gute Frage, und ich glaube, die Berliner stellen sie sich schon, solange davon die Rede ist, das Schloss wieder aufzubauen. Andererseits ist es gar nicht unüblich, Gebäude neu erstehen zu lassen, die vorher aus den unterschiedlichsten Gründen zerstört worden waren. Das gibt es auch in anderen Städten, nicht nur in Deutschland."

Davon hatte der Junge auch schon gehört, und trotzdem beschäftigte ihn noch etwas:

„Du hast doch gesagt, dass auch Teile vom Schloss gerettet wurden. Werden die dann wieder eingebaut?"

„Bis auf wenige Ausnahmen ja", antwortete Freddy, „und wie ich dich kenne, willst du sicher auch gleich wissen, was das für Ausnahmen sind."

Constantin nickte, und deshalb fuhr der Bär fort:

„Einige der Skulpturen, Balkongitter und so weiter hat man ungefähr zehn Jahre, nachdem das Schloss abgerissen wurde, an ein anderes Haus gebaut, weil sich die Mächtigen damit schmücken wollten. Doch das ist schon wieder eine andere Geschichte. Schau einmal dort hinüber – rechts hinter dem Schloss kannst du das Gebäude sehen!"

„Aus Alt mach Neu", murmelte Constantin vor sich hin.

„Du hast es erfasst!", sagte Freddy und schlug mit seiner Pranke gegen Constantins Handfläche. „Das könnte das Motto des ganzen Geländes hier sein."

„Stimmt", meinte Constantin. „Der gar nicht so alte Dom ist die Kopie eines eigentlich viel älteren, das Schloss war sehr alt und wird nun wieder aufgebaut, und an das neue Gebäude da hinten hat man alte Teile vom Schloss angefügt."

„Und das sind bei Weitem noch nicht alle Möglichkeiten, Altes und Neues zusammenzubringen", erwiderte Freddy.

„Sind es nicht?", fragte sein kleiner Freund.

„Nein", sagte der Bär. „Schau mal über die Schlossbrücke und dann etwas nach hinten! Siehst du das rote Backsteingebäude?"

Constantin nickte.

„Das ist das Gebäude der alten Bauakademie. Der große Schinkel hat es geplant und später sogar darin gewohnt. Leider wurde es auch im Krieg zerstört, und was du jetzt siehst, ist nur eine Attrappe."

„Eine richtige Täuschung?"

Daran wollte Constantin nun doch nicht glauben, aber Freddy bestätigte es:

„Maurerlehrlinge haben als Anschauungsobjekt eine Ecke des alten Gebäudes wiedererrichtet. Für alles andere ist man, wie übrigens auch beim Schloss, auf Spenden angewiesen. Deshalb hat man das ganze Gebäude aus Stoffbahnen dargestellt, bis genügend Geld da ist, um den Rest wieder aufzubauen."

„Das ist ja ein Ding!", entfuhr es Constantin, und sein Begleiter sagte:

„Ja, einfallsreich sind die Berliner. Deshalb möchte ich dir auch noch eine andere Stelle zeigen, an der Alt und Neu sozusagen Hand in Hand gehen. Weil der Abend aber schon etwas fortgeschritten ist, steigst du besser auf meinen Rücken – dann sind wir schneller da."

Der Junge tat, wie ihm geheißen, und der Bär setzte sich in Bewegung.

Die Wiege Berlins

Nachdem sie eine Weile geritten waren und wieder die Spree überquert hatten, bog Freddy am anderen Flussufer in ein Viertel ein, das wirkte, als käme es aus einer ganz anderen Zeit. Die Gassen waren schmal, und der Straßenbelag bestand aus Pflastersteinen. Constantin schaffte es gerade noch, Georg dem Drachentöter zuzuwinken, den er auf einem großen Denkmal erkannte, ehe der Bär weiterlief und sie plötzlich vor einer hohen Kirche stehen blieben.

„Willkommen an der Wiege Berlins", sagte Freddy, und Constantin sah ihn – wie schon oft an diesem Abend - erstaunt an.

„Was meinst du denn damit?", wollte er wissen. Dass eine ganze Stadt eine Wiege haben konnte, wollte ihm beim besten Willen nicht einleuchten.

„Das", ertönte eine freundliche Männerstimme hinter ihnen, „bedeutet, dass die Geschichte unserer Stadt hier ihren Anfang genommen hat."

„Ah, der Pinselheinrich", rief Freddy erfreut aus, als er den Herrn in Gehrock und Zylinder erkannte.

Constantin überlegte gerade noch, ob man einen älteren Herrn eigentlich so nennen durfte oder ob sich das vielleicht doch nicht schickte, als der so Angesprochene diese Frage selbst beantwortete:

„Gestatten – Heinrich Zille. Zu meiner Zeit war ich in Berlin als Maler recht bekannt, und eigentlich war es damals, vor hundert Jahren, üblich, reiche Menschen von hohem Ansehen zu zeichnen. Mich hat das einfache Volk immer mehr interessiert: die Blumenfrau und der Schuhverkäufer, der Eckensteher, wie man die Tagelöhner damals nannte, und die ärmlichen Kinder, die in den Hinterhöfen spielten. Sie alle waren dankbar für diese Aufmerksamkeit und nannten mich freundlich den Pinselheinrich. Deshalb stört mich dieser Name überhaupt nicht."

Der leere Denkmalssockel, den Constantin inzwischen entdeckt hatte, war wirklich niedrig, und auch Herr Zille selbst wirkte nicht sehr groß. Er bemerkte den Blick des Jungen und sagte:

„Du hast recht. Mein Denkmal ist tatsächlich eher klein, aber das macht überhaupt nichts. Ich freue mich, dass man sich auch jetzt, fast neunzig Jahre nach meinem Tod, noch an mich erinnert. In der kleinen Straße, durch die ihr gerade gekommen seid, gibt es sogar ein Museum mit meinen Arbeiten."

„Das ist ja toll", meinte Constantin und fragte dann: „Waren Sie hier dabei, als alles angefangen hat?"

„Gott bewahre!" Heinrich Zille musste lachen. „So alt bin ich nun auch wieder nicht!"

Dem Jungen war es etwas unangenehm, dass er nicht nachgerechnet hatte, aber Freddy erklärte:

„Die Kirche, die du hier siehst, ist die Nikolaikirche. Ihre ältesten Teile stammen aus dem 13. Jahrhundert, denn Berlin wurde im Jahre 1237 erstmals urkundlich erwähnt. Damals gab es noch zwei Ortschaften: Berlin und Kölln, die sich etwa hundert Jahre später zusammenschlossen."

„Und diese Kirche mit den beiden Türmen war von Anfang an da?", wollte Constantin wissen.

„Die Kirche ist die älteste der Stadt, auch wenn das Gebäude heute ein Teil unseres Stadtmuseums ist. Die beiden Türme sind erst etwa 150 Jahre alt. Vorher hatte es immer wieder Brände gegeben, sodass im Laufe der Jahre mehrere Türme vernichtet wurden."

Constantin ließ seinen Blick über den Platz vor der Kirche schweifen, und plötzlich rief er:

„Freddy, schau mal! Da steht ja noch ein Bär, nur dass dieser aus Stein ist!"

„Ganz recht", erwiderte Freddy, „aber auch er steht für das Berliner Stadtwappen."

„Hat es in dem Wappen denn von Anfang an einen Bären gegeben?"

Während der Junge das fragte, kam ihm noch ein anderer Gedanke: „Hat der Name unserer Stadt vielleicht sogar etwas mit dir zu tun? ‚Berlin' klingt doch fast so ähnlich wie ‚Bär'!"

„Du stellst doch immer wieder Fragen, auf die es keine einfache Antwort gibt!", stellte Freddy fest. Aber noch ehe Constantin überlegen konnte, ob er deswegen ein schlechtes Gewissen bekommen sollte, fuhr sein Begleiter fort:

„Den ersten Teil kann ich dir allerdings mit einem einfachen ‚Nein' beantworten. Das erste Berliner Stadtwappen zeigte noch den Brandenburger Adler in einem Stadttor, später kamen zwei Bären hinzu. Das alleinige Wappentier der Stadt bin ich erst seit dem 14. Jahrhundert."

„Das ist aber auch schon ganz schön lange", fand Constantin.

„Dennoch reicht es nicht, um damit den Namen unserer Stadt zu erklären. Deshalb ist die Antwort auf diesen Teil deiner Frage deutlich schwieriger. Forscher meinen heute, der Name käme von einem alten slawischen Wort, das ein sumpfiges Gelände bezeichnet hat. Das ist wohl die wahrscheinlichste Erklärung, weil Berlin zuerst von slawischen Stämmen besiedelt wurde."

„Unser Berlin müsste es wohl genauer heißen", warf Heinrich Zille ein.

„Natürlich – unser Berlin", bestätigte Constantin, obwohl er sich nicht im Klaren darüber war, warum das so wichtig sein sollte. Herr Zille sah, dass der Junge ihn nicht ganz verstanden hatte, und setzte hinzu:

„Auf der ganzen Welt gibt es Städte, Dörfer, ja sogar Berge, die diesen Namen tragen. Insgesamt sind es weit über hundert."

„Aber unseres ist auf jeden Fall das größte und bekannteste von ihnen", stellte Freddy fest.

Das beruhigte Constantin doch sehr, und er erinnerte sich daran, weshalb sie eigentlich an diesen Ort gekommen waren.

„Wo ist denn nun aber die Verbindung von Altem und Neuem, von der du mir vorhin erzählt hast?", half er dem Gedächtnis des Bären etwas nach.

„Du siehst sie wirklich nicht?", fragte dieser erstaunt zurück.

Constantin schüttelte den Kopf.

„Schau dich doch einmal genauer um!"

So sehr er sich auch darum bemühte, der Junge konnte nichts entdecken.

„Na, komm, ich helfe dir", bot Heinrich Zille freundlich an. „Du hast sicher schon gehört, dass das Zentrum Berlins im Krieg stark zerstört wurde – so stark, dass man viele Jahrzehnte brauchte, um alles wieder aufzubauen. Natürlich ging das nicht auf einmal. Im Jahre 1987 aber feierte unsere Stadt ein großes Jubiläum: Sie wurde 750 Jahre alt. Aus diesem Anlass wollte man natürlich ganz besondere Dinge schaffen, an die auch in den folgenden Jahren noch viele Menschen denken würden. Deshalb beschloss man, das Nikolaiviertel wieder aufzubauen, und zwar auf eine ganz eigene Art und Weise: Die kleinen Gassen hier sollten wirken wie im alten Berlin, die Häuser selbst wurden jedoch aus modernen Betonplatten gefertigt."

„Das ist ja ein Ding!"

Nun sah Constantin es auch, und er war begeistert über so viel Einfallsreichtum.

Der Pinselheinrich winkte ihn näher zu sich heran:

„Pst", machte er. „Ganz im Vertrauen erzähle ich dir noch, was mir persönlich hier am besten gefällt: Um den Geist des alten Berlins wieder auferstehen zu lassen, hat man sogar mein Lieblingsrestaurant so nachgebaut, wie es früher einmal ausgesehen hat. Es heißt ‚Zum Nussbaum' und stand eigentlich an einer ganz anderen Stelle, aber – unter uns – ich bin froh, dass es jetzt wieder in meiner Nähe ist. Oder vielmehr: ich in seiner, denn mein Denkmal steht hier erst seit 2008. Man hat es mir zum 150. Geburtstag geschenkt."

Heinrich Zille begleitete das ungewöhnliche Pärchen noch durch die Gassen des Nikolaiviertels bis zu einem Wegweiser, an dem Figuren aus seinen Bildern zu sehen waren, dann verabschiedeten sie sich.

„Wohin gehen wir jetzt?", wollte Constantin wissen.

„Zum Alexanderplatz", sagte Freddy, „aber auf dem Weg dorthin gibt es noch eine Menge zu sehen."

Das glaubte ihm der Junge auf Anhieb, und die nächsten Sehenswürdigkeiten ließen auch nicht lange auf sich warten.

„Wenn du dich für die Geschichte unserer Stadt interessierst, bist du bei diesem Gebäude genau an der richtigen Adresse."

Der Bär wies auf ein Haus aus roten Backsteinen, das einen hohen Turm mit einer großen Uhr hatte.

„Ist das wieder ein Museum?", erkundigte sich der Junge.

„Nein, das ist das Rote Rathaus. Schon seit 150 Jahren werden von hier aus die Geschicke Berlins gelenkt. Heute ist es der Sitz des Regierenden Bürgermeisters."

„Und wie kann man dann etwas über die Geschichte erfahren?", fragte Constantin. „Wenn dort regiert wird, kann man doch bestimmt nicht einfach hineinspazieren und sich etwas erzählen lassen, oder?"

Freddy zeigte seine Zähne, und sein kleiner Freund wusste nun schon, dass das wohl ein Grinsen sein sollte.

„Um etwas über die Geschichte zu erfahren, musst du auch gar nicht in das Gebäude hineingehen. An seiner Fassade sind 36 Steintafeln angebracht, die die Berliner Geschichte im Laufe vieler Jahrhunderte erzählen."

„Das heißt, ich muss um das Rote Rathaus herumlaufen und auch noch lesen? Das stelle ich mir aber anstrengend vor, wenn ich den Kopf dabei die ganze Zeit so hochrecken soll."

„Lesen musst du nicht", entgegnete der Bär. „Es handelt sich um Bildtafeln, und auf den Reliefs ist die Geschichte dargestellt."

„Na, dann ...", sagte Constantin, und als sie wieder einige Meter gelaufen waren, rief er:

„Über dieses Gebäude musst du mir nichts mehr erzählen – das kenne ich!"

„Das hatte ich mir schon gedacht, dass du den Fernsehturm

kennst", antwortete Freddy, „aber weißt du denn auch etwas über ihn?"

„Klar, eine ganze Menge!"

„Dann lass uns doch ein Spiel spielen", schlug der Bär vor.

Der Junge verstand nicht gleich.

„Was denn für ein Spiel?"

„Wir erzählen uns gegenseitig alles, was wir über den Fernsehturm wissen – immer abwechselnd. Wer als Letzter noch etwas weiß, hat gewonnen!"

Die Idee gefiel Constantin sofort, und weil er der Jüngere war, durfte er anfangen.

„Der Fernsehturm ist rund 370 Meter hoch", sagte er.

„Das ist ungefähr so hoch wie 77 Giraffen", antwortete Freddy.

„Er wurde von 1965 bis 1969 erbaut."

„In einer Höhe von 203 Metern gibt es eine Aussichtsplattform, von der aus man ganz weit über Berlin sehen kann."

„Das Café ist in einer Höhe von 207 Metern."

„In einer Stunde dreht es sich einmal um die eigene Achse."

Constantin dachte einen Moment lang nach, dann fiel ihm noch etwas ein:

„Der Aufzug fährt bis zur Kugel und zurück mit einer Geschwindigkeit von sechs Metern in der Sekunde."

„Na, du bist ja gut informiert", lobte ihn Freddy. „Aber wie gefällt dir das: In die Kugel würde der Inhalt von über 120.000 Badewannen passen."

Constantin zögerte, dann sagte er triumphierend: „Die Berliner nennen den Fernsehturm ‚Telespargel'."

„In Ordnung, du hast gewonnen", stellte der Bär fest. „Aber nur, weil du als Letzter noch etwas gesagt hast."

Constantin sah ihn verwundert an. „Wieso ‚nur'?", fragte er.

„Weil deine letzte Information nicht ganz stimmt, auch wenn die Berliner ihren Sehenswürdigkeiten gern Spitznamen geben. Kein echter Berliner würde je vom ‚Telespargel' sprechen."

„Warum denn nicht?"

„Weil die Bewohner dieser Stadt sich den Spitznamen nicht selbst ausgedacht haben. Er wurde ihnen, wie man so sagt, in den Mund gelegt. Irgendwer hat ihn sich einfallen lassen, jemand anders fand ihn gut, und irgendwann konnte man immer wieder lesen: Die Berliner nennen den Fernsehturm ‚Telespargel'. Aber glaub mir: Wer hier geboren ist, lässt sich so eine Bezeichnung nicht aufzwingen. Deshalb ist es besser, wenn du dir genau das als wichtige Information merkst."

Constantin versprach es, und weiter ging`s zum Alexanderplatz.

„Jetzt bist du mir aber doch noch eine Erklärung schuldig", erinnerte der Junge den Bären.

„Ach ja, welche denn?" Freddy tat, als könne er sich gar nicht erinnern.

„Na, woher der Platz seinen Namen hat!"

„Stimmt – du passt wirklich gut auf! Deine Idee, ihn nach Alexander von Humboldt zu benennen, ist zwar gut, aber in diesem Fall trifft sie nicht zu. Im Jahre 1805 war der russische Zar Alexander I. zu Besuch in Berlin, und ihm zu Ehren erhielt der Platz seinen Namen. Die Berliner nennen ihn übrigens kurz ‚Alex'."

„Der Alex ist aber riesig", fand Constantin, „mit all den Geschäften, dem großen Kaufhaus und dem Brunnen."

„Da hast du recht", sagte Freddy, „und trotzdem gibt es hier eine Stelle, die die Menschen immer wieder gern als Treffpunkt wählen, weil man sich dort auf keinen Fall verfehlen kann."

„Ach ja, welche denn?" Der Junge sah sich suchend um.

„Die Weltzeituhr", antwortete sein pelziger Freund und wies mit der Pranke darauf. „Sie ist ungefähr zur selben Zeit entstanden wie der Fernsehturm. Oben siehst du unser Sonnensystem, und darunter kannst du für 148 Städte auf der Welt ablesen, wie spät es dort gerade ist. Und jetzt komm, wenn wir noch mehr sehen wollen, werden wir wohl oder übel ein Stückchen fahren müssen."

„Mit der S-Bahn oder mit der U-Bahn?"

„Such es dir aus", sagte Freddy.

„Dann nehme ich die S-Bahn", antwortete Constantin, „da sieht man wenigstens etwas beim Fahren."

Der Bär nickte.

„In diesem Fall hast du damit zweifellos recht", meinte er.

Constantin stutzte.

„Warum denn nur in diesem Fall?", wollte er wissen.

„Weil in Berlin die Einordnung nicht immer genau so einfach ist", antwortete Freddy. „Hier gibt es auch U-Bahnen, die oberirdisch fahren – zu ebener Erde oder als Hochbahn –, und S-Bahnen in unterirdischen Tunnelsystemen. Man kann sich also am besten an den leuchtenden Buchstaben und den Plänen orientieren, die überall aushängen. Dafür gibt es aber keinen Ort in Berlin, an dem man weiter als einen halben Kilometer von der Haltestelle eines öffentlichen Verkehrsmittels entfernt ist."

„Das ist ja toll", sagte Constantin, „und am Alex haben wir sogar alle auf einmal: die S-Bahn, die U-Bahn, die Straßenbahn und auch Busse. Nur eine Fähre fehlt hier noch."

„Ja", sagte der Bär, „dafür gibt es hier nicht genug Wasser. Aber in anderen Bezirken haben wir selbst das. Dorthin kommen wir heute aber bestimmt nicht mehr. Wir haben auch so noch genug vor – auf geht`s!"

Könnten Bären sich auf dem Absatz umdrehen, hätte Freddy das in diesem Moment sicher getan, so aber lief er einfach zielsicher auf den S-Bahnhof zu.

Löwentor und Lippenstift

Nachdem sie eine Weile gefahren waren, bedeutete Freddy seinem kleinen Freund, dass es Zeit sei auszusteigen. Constantin las die Aufschrift auf dem Bahnhofsschild und sagte:

„Nanu, möchtest du hier Freunde besuchen?"

„Heute nicht", erwiderte der Bär, der sich schon gedacht hatte, dass es zu Missverständnissen führen würde, wenn sie am Zoologischen Garten ausstiegen. „Allerdings solltest du dir einen Besuch hier auf keinen Fall entgehen lassen, denn dieser Zoo ist nicht nur der älteste in Deutschland, er ist auch der artenreichste der Welt."

„Das ist ja spannend", sagte Constantin. „Ich wusste zwar, dass wir einen Zoo haben, aber nicht, dass er so etwas Besonderes ist."

„Doch", erwiderte Freddy, „das ist er tatsächlich. Dieser Zoo ist schon über 170 Jahre alt, und du kannst dir hier fast 1600 Tierarten ansehen. Übrigens: Genau genommen, haben wir nicht nur einen, sondern zwei Zoos in der Stadt. Nur, dass der andere Tierpark heißt".

„Hat das wieder etwas mit der Geschichte zu tun?", wollte der Junge wissen.

„Du hast es erraten. Der Zoo befand sich im Westteil der Stadt, und als Berlin geteilt war, wollten die Bewohner des Ostteils natürlich nicht ohne exotische Tiere leben. Deshalb wurde 1955 der Tierpark Berlin gegründet. Dort gibt es zwar weniger Tierarten, dafür ist er der größte Landschaftstiergarten Europas. Seine Zucht Afrikanischer Elefanten ist besonders berühmt. Zum Zoo gehört allerdings auch noch ein großes Aquarium, sodass du hier auch Meerestiere bis hin zu Quallen findest."

Inzwischen hatten sie den S-Bahnhof verlassen, und Constantin fragte:

„Ist das da drüben der Eingang?"

Freddy nickte.

„Ja, das ist einer der beiden Eingänge, das berühmte Löwentor. Vielleicht noch bekannter ist das Elefantentor. So, wie du hier Löwenstatuen siehst, wird der andere Eingang von Indischen Elefanten aus Sandstein bewacht, doch dorthin schaffen wir es heute leider nicht mehr."

Constantin blieb stehen.

„Wenn wir gar nicht in den Zoo wollen – warum sind wir denn dann hier ausgestiegen?"

„Weil hier auch ein Stadtzentrum ist", sagte Freddy, und als er den fragenden Blick des Jungen bemerkte, setzte er hinzu: „Auch das hängt mit der Geschichte unserer Stadt zusammen."

„Wieder mit der Teilung?", vermutete Constantin.

„Ganz genau. Bisher waren wir im Ostteil der Stadt unterwegs, in dem sich das historische Zentrum befindet. Jetzt möchte ich dir noch die sogenannte City-West zeigen, denn das ist das Besondere an Berlin, dass es zwei Zentren hat."

Während Freddy das gesagt hatte, waren die beiden eine große Straße entlang gelaufen und standen nun vor einem Springbrunnen.

„Du magst doch die Spitznamen für unsere Bauwerke, stimmt`s?", fragte der Bär, und der Junge nickte.

„Das ist der Wasserklops!", sagte Freddy und freute sich über das verdutzte Gesicht seines kleinen Freundes.

„Im Ernst?"

Das konnte Constantin nun wirklich nicht glauben.

„Nein, im Sprachgebrauch", antwortete Freddy vergnügt. „Eigentlich ist das der Weltkugelbrunnen, aber seit er vor mehr als dreißig Jahren hier aufgestellt wurde, wird er von den Berlinern so genannt. Komm, wir laufen einmal rundherum – hier gibt es überall etwas zu entdecken: Schriftzeichen aus verschiedenen Kulturkreisen, Figuren und so weiter."

Sie liefen treppauf, treppab – einmal um den ganzen Brunnen herum, und als sie wieder auf dem Platz davor standen, sagte Constantin:

„Was ist denn das hier eigentlich für ein seltsames Gebäude?"

Er erinnerte sich an sein Gespräch mit Wilhelm von Humboldt und meinte: „Es besteht zwar aus drei Teilen, aber als Ensemble kann man das doch nicht bezeichnen, oder? Es ist ja kein einheitliches Ganzes."

„Das hast du eigentlich gut erkannt", räumte Freddy ein, „dennoch ist das alles zusammen eine Sehenswürdigkeit – die Kaiser-Wilhelm-Gedächtniskirche."

„Wilhelm I. oder Wilhelm II.?", erkundigte sich der Junge, der sich inzwischen mit Königen und Kaisern schon etwas auskannte.

„Eine gute Frage", lobte der Bär. „In diesem Fall war es so, dass Wilhelm II. den Bau dieser Kirche zum Anlass nahm, um an seinen Großvater, Wilhelm I., zu erinnern. Man erkennt das heute noch auf vielen Mosaiken in dem älteren Gebäudeteil."

„Warum sieht er denn so kaputt aus?", wollte Constantin wissen. „Kann man ihn nicht reparieren?"

„Ob du es glaubst oder nicht, das soll so sein."

Freddys Antwort erstaunte den Jungen noch mehr.

„Warum denn das?"

Er konnte sich nicht vorstellen, dass man etwas freiwillig kaputt ließ, das eigentlich repariert werden könnte.

„Diese Kirche war 1895, als sie gebaut wurde, wesentlich größer und ein wahres Schmuckstück", erklärte Freddy. „Damals gehörte Charlottenburg, der Stadtteil, in dem wir uns hier be-

finden, übrigens noch gar nicht zu Berlin. Wie viele andere heutige Bezirke wurde es erst 1920 eingemeindet."

„Das kann doch aber nicht der Grund sein, warum man die Kirche nicht wieder aufbaut, oder?", fragte Constantin.

„Nein, natürlich nicht", erwiderte der Bär. „Auch diese Kirche wurde im Krieg schwer zerstört. Ich habe dir ja schon erzählt, dass dieser Krieg und damit auch unsägliches Leid für die Menschen von Deutschland ausgegangen war. Deshalb beschloss man danach, die Kirche als Ruine stehen zu lassen. So soll sie immer daran erinnern, dass sich dieser Schrecken nicht wiederholen darf."

Das leuchtete Constantin ein. Eine Frage aber blieb: „Was sind denn dann die beiden anderen Gebäudeteile?"

„Lippenstift und Puderdose", antwortete Freddy wie aus der Pistole geschossen, und sein kleiner Begleiter sah ihn wieder einmal entsetzt an.

„Entschuldige", sagte der Bär, „die Macht der Gewohnheit! Hier habe ich mich so an die Spitznamen gewöhnt, dass sie mir doch wirklich als Erstes einfallen! Aber im Ernst: Was du hier siehst, sind der Glockenturm und das neue Kirchenschiff. Sie wurden in den 1960er-Jahren gebaut. Der Architekt Egon Eiermann hatte die Ruine eigentlich abreißen und alles neu bauen wollen, doch damit das Mahnmal stehen bleibt, hat man sich auf diesen Kompromiss geeinigt. Im neuen Teil finden jetzt die Gottesdienste statt, und in der Ruine befindet sich eine Ausstellung über die Geschichte der Kirche. Übrigens findet man in beiden Gebäuden Zeichen der Versöhnung mit den Völkern, die besonders unter dem Krieg gelitten haben."

„Das finde ich gut", stellte Constantin fest, und dann überlegte er: „Wenn die neuen Teile Lippenstift und Puderdose heißen, hat denn der alte Teil auch einen Spitznamen?"

„Oh ja", sagte Freddy, „die Berliner nennen ihn den Hohlen Zahn!"

„Na, das gibt ja vielleicht ein Gesicht", lachte Constantin und wartete darauf, wohin der Bär ihn wohl als Nächstes führen würde.

Dieser aber machte noch keine Anstalten aufzubrechen, sondern deutete mit seiner Tatze auf die nächstgelegene Straße:

„Schau mal, das ist der berühmte Kurfürstendamm, die bekannteste Straße dieses Stadtzentrums. Bereits seit dem 16. Jahrhundert ritten hier die jeweiligen Herrscher vom Stadtschloss zu ihrem Jagd- oder Sommerschloss. Heute findet man auf dem Ku'damm, wie die Berliner sagen, jede Menge Geschäfte und Restaurants. Und jetzt steig auf, wir reiten ein wenig durch den Tiergarten."

„Noch ein Zoo?"

„Nein, das darf man nicht verwechseln. Der Große Tiergarten war einst das Jagdrevier der Kurfürsten, deshalb heißt er bis heute so. Inzwischen ist er der zweitgrößte Park der Stadt, ‚die grüne Lunge', wie es so schön heißt."

Diese Erklärung genügte Constantin, und sie machten sich auf den Weg. Während sie die alten Wege passierten, zeigte Freddy seinem kleinen Freund noch eine Berliner Besonderheit: ein Gaslaternenmuseum unter freiem Himmel. Dort kann man sich an einer Allee neunzig alte Straßenlaternen aus verschiedenen Städten in Deutschland und Europa ansehen.

Kurze Zeit später hielt der Bär auf einer großen Rasenfläche an.

„Da wären wir!", sagte er feierlich, und Constantin kam nicht umhin zu fragen, wo denn eigentlich.

„Im Regierungsviertel", antwortete Freddy.

„Ein ganzes Viertel für die Regierung?"

Das konnte sich der Junge kaum vorstellen.

Der Bär erklärte es ihm:

„Um ein ganzes Land zu regieren, werden viele Gebäude benötigt: Büros für die Abgeordneten, Ministerien, aber auch Botschaften für die anderen Länder und so weiter und so fort."

Darüber hatte Constantin noch nie nachgedacht, aber jetzt erschien es ihm logisch.

„Da drüben ist zum Beispiel das Kanzleramt", fuhr Freddy fort, „und wir stehen hier direkt vor dem Reichstag."

Diesen Begriff hatte der Junge schon gehört, aber was sich genau dahinter verbarg, wusste er nicht. Der Bär erzählte es ihm:

„Dieses Haus hat eine bewegte Geschichte. Du weißt ja, dass es in Deutschland zunächst viele Könige mit ihren eigenen Königreichen gab. Als sie sich 1871 zum Deutschen Reich zusammenschlossen und Wilhelm I. Kaiser wurde, wurde Berlin zur deutschen Hauptstadt. Deshalb benötigte man nun auch ein Gebäude, in dem die Volksvertreter tagen konnten. Aus diesem Grund wurde der Reichstag (so hieß damals auch das Parlament) gebaut und 1894 eröffnet. 1933 wurde das Ge-

bäude in Brand gesteckt und dadurch und durch den Krieg schwer beschädigt. Allerdings war es im Krieg auch ein Krankenhaus. Hier gab es zum Beispiel eine Geburtsstation, auf der im Laufe der Jahre mehrere Hundert Kinder zur Welt kamen. Nach dem Krieg fanden hier Ausstellungen statt. 1991 wurde beschlossen, dass Berlin die Hauptstadt des nun wieder vereinten Deutschlands werden sollte, und deshalb wurde auch der Reichstag umgebaut und neu gestaltet. Die Kuppel kann man auch als Besucher betreten und so den Abgeordneten gewissermaßen auf den Kopf schauen."

„Das würde ich auch gern mal machen", sagte Constantin.

„Kein Problem", erwiderte Freddy. „Du musst dich nur ein paar Tage vorher anmelden. Bei deinem Besuch kannst du dir dann Kopfhörer ausleihen und dir alles noch genauer erzählen lassen. Es gibt sogar einen extra Kanal für Kinder. Diese Erklärungen sollen übrigens sehr nett gemacht sein, habe ich mir sagen lassen."

Das wollte sich der Junge auf keinen Fall entgehen lassen, und er beschloss, sich bald einmal mit seinen Eltern für einen Besuch der Kuppel anzumelden.

„So, nun müssen wir aber weiter", drängte Freddy. „Es ist schon recht spät, und ich möchte dir unbedingt noch jemanden vorstellen."

Daraufhin stieg Constantin, wie er es nun schon gewöhnt war, auf den Bärenrücken, und Freddy trottete los.

Zwei ungleiche Schwestern

Sie ritten wieder einige Hundert Meter, und bald standen Constantin und Freddy auf einem großen Platz vor einem wunderschönen Tor.

„Hier war ich schon einmal", erklärte der Junge. „Das ist das Brandenburger Tor, und die Quadriga kenne ich auch schon."

Dann aber stutzte er. Der Streitwagen mit den vier Pferden war nach wie vor an seinem Platz, aber...

„Nanu", wunderte er sich. „Wo ist denn Viktoria, die Siegesgöttin? Sie hat doch immer auf dem Tor gestanden."

„Das ist schön, dass du mich kennst und dass dir sofort auffällt, wenn ich nicht da bin", ließ sich nun eine weibliche Stimme vernehmen. „Allerdings muss ich dich ein wenig korrigieren. Ich habe nur fast immer hier gestanden. Mit der Siegesgöttin hast du durchaus recht, allerdings sollte ich ursprünglich nicht Viktoria, sondern die Siegesgöttin Nike und die Friedensgöttin Eirene gleichzeitig verkörpern. Mit uns Denkmälern ist es nämlich so eine Sache – wir sind bei Weitem nicht immer das, was wir auf den ersten Blick zu sein scheinen."

„Das habe ich bei Friedrich Schiller auch schon bemerkt", gab Constantin zu. „Er sieht auf seinem Denkmal eher aus wie ein römischer Feldherr als wie ein Dichter."

„Siehst du", sagte die Frau, von der Constantin nun gar nicht mehr wusste, welcher denn ihr richtiger Name war. „Als das Brandenburger Tor vor mehr als 200 Jahren gebaut wurde, hatte mein Schöpfer, Johann Gottfried Schadow, im Sinn, die Quadriga von einer Friedensbringerin führen zu lassen. In seinem Vertrag stand aber, dass er eine Siegesgöttin schaffen sollte. Und weil ich den Menschen hier als Nike zu wenig bekleidet war, bekam ich das lange Gewand. So kam es wohl zu dem ersten Durcheinander. Doch das war noch lange nicht das Ende. Du ahnst ja nicht, was ich mit der Quadriga schon alles erlebt habe. Kaum hatte ich mich hier oben häuslich eingerichtet, wurde ich 1806 von französischen Truppen auf Befehl Napoleons geraubt und bis nach Paris verschleppt. Es dauerte fast ein Jahrzehnt, bis ich an meinen angestammten Platz zurückkehrte. Aus Freude darüber, dass Napoleon inzwischen besiegt war, ersetzte Schinkel …"

„… der, der auch das Schauspielhaus gebaut hat?"

Constantin hatte so atemlos zugehört, dass er gar nicht bemerkte, dass seine Gesprächspartnerin noch nicht zu Ende erzählt hatte. Diese nahm ihm die Zwischenfrage jedoch nicht übel, sondern bestätigte:

„Ganz genau, eben jener Baumeister ersetzte den Lorbeerkranz, den ich als Friedenssymbol in meiner Hand hielt, durch ein Eisernes Kreuz im Eichenlaubkranz, das Symbol für kriegerische Verdienste. So verwandelte er mich sozusagen in die Siegesgöttin Viktoria. Aber unter uns gesagt, mir ist die Funktion als Friedensstifterin bis heute wesentlich lieber, und deshalb hoffe ich, dass auch dieser Teil meiner Geschichte nicht in Vergessenheit gerät."

Constantin versprach, in Zukunft stets daran zu denken, wenn er am Brandenburger Tor stehen würde, und Freddy sagte:

„Aber das ist doch noch längst nicht alles, was man über dieses Tor wissen sollte, stimmt's?"

Die Göttin nickte, und Constantin rief:

„Richtig, man findet es ja auf allen goldfarbenen Centmünzen, das muss doch einen Grund haben, oder?"

„Oh ja", erwiderte Freddy. „Es hat für unsere Stadt eine ganz besondere Bedeutung, die es unter allen übrigen Stadttoren heraushebt."

„Gibt es denn noch mehr Tore?", wollte Constantin wissen.

„Inzwischen nicht mehr so direkt, aber die Bezeichnungen an manchen Straßenkreuzungen und bisweilen auch Teile der

Tore sind geblieben – vielleicht kennst du ja das Frankfurter Tor oder das Hallesche Tor. Sie alle gehörten zur Berliner Zollmauer, die im 18. und 19. Jahrhundert gebaut wurde, um den Handel zu kontrollieren. Insgesamt gab es achtzehn Tore."

„War das die berühmte Berliner Mauer, von der in den Zeitungen und Geschichtsbüchern so oft die Rede ist?", fragte der Junge weiter.

„Oh nein", antwortete nun wieder die Göttin. „Glaub mir, über diese Mauer kann ich dir mehr erzählen, als mir lieb ist. Sie trennte in der zweiten Hälfte des vorigen Jahrhunderts 28 Jahre lang den Ostteil unserer Stadt vom Westteil, und das direkt zu meinen Füßen. Auch das war eine Folge des schrecklichen Krieges, und wir waren alle heilfroh, als die Teilung der Stadt endlich der Vergangenheit angehörte. Stell dir das einmal vor – zu jener Zeit konnte ich selbst meine Schwester nur von Ferne sehen, obwohl wir eigentlich gar nicht weit voneinander entfernt stehen. Nun aber ist die Stadt zum Glück wieder eins, und aus dem Symbol der Teilung ist wieder ein Symbol der Gemeinsamkeit geworden. Weil das für unser ganzes Land von großer Bedeutung ist, findest du das Tor auch auf den Münzen."

Constantins Augen wurden immer größer.

„Was denn für eine Schwester?", fragte er erstaunt. Die Göttin wies mit einer Hand durch das Tor, eine große Straße entlang.

„Viktoria, die Siegesgöttin", sagte sie, und Constantin brauchte einen Moment, um sich klarzumachen, dass sie selbst ja ursprünglich gar nicht Viktoria darstellen sollte. Als er nickte, weil er verstanden hatte, fuhr die Göttin fort:

„Allerdings hat sie es mit ihrem Spitznamen nicht ganz so gut getroffen. Die Berliner haben sie von Anfang an die ‚Goldelse' genannt. Nur, weil sie vollständig vergoldet ist und zu der Zeit ein Fortsetzungsroman mit diesem Titel in einer sehr beliebten Zeitschrift erschien. Dabei thront sie oben auf der Siegessäule und sollte eigentlich etwas erhabener wirken."

Constantin musste über den ungewöhnlichen Namen lachen, dann sagte er aber:

„Immerhin konnte sie im Gegensatz zu dir immer am selben Ort stehen. Ich könnte mir vorstellen, dass das für eine Statue das Angenehmste ist."

Die Göttin nickte.

„Damit hast du völlig recht. Allerdings hat auch meine Schwester nicht immer ihre Ruhe gehabt. Als sie vor etwa 140 Jahren errichtet wurde, stand sie nämlich an einem anderen Ort – nicht weit von hier, auf dem Platz vor dem Reichstag. Als es dann vor achtzig Jahren Pläne gab, Berlin komplett umzugestalten, bekam die Siegessäule eine Etage mehr und einen neuen Platz. Deshalb findest du sie jetzt in der Mitte des Großen Sterns, einer der am stärksten befahrenen Kreuzungen unserer Stadt. Glaube mir, darum beneide ich sie wirklich nicht."

„Ganz ruhig ist es hier aber auch nicht gerade", wandte Constantin ein.

„Nein", antwortete die Göttin, „und wer wüsste das besser als ich. An den Trubel auf dem Pariser Platz zu meinen Füßen habe ich mich im Laufe der Jahrhunderte gewöhnt. Da war es mit der Beschaulichkeit schon vorbei, als die Pferdedroschken in Mode kamen. Aber du ahnst ja nicht, was sich ab und zu in meinem Rücken abspielt: Silvesterfeiern, Konzerte zu historischen Ereignissen, Modenschauen und seit einigen Jahren sogar Partys von Abertausenden von Fußballfans. Du wirst es nicht glauben, meine Schwester ist selbst schon ein Fußballfan geworden. Immer wenn irgendwo eine große Leinwand aufgebaut ist, vor der sich die Leute treffen, um sich ein Spiel anzusehen, reckt sie ihren Kopf besonders in die Höhe. So hofft sie, noch ein bisschen höher zu sein als die sonstigen fast 67 Meter und nur ja nichts zu verpassen."

Die Göttin schüttelte ein wenig missbilligend den Kopf.

„Ich weiß nicht, ob sich das für unsereinen ziemt. Ich für meinen Teil halte wenig von so viel Volksnähe."

In diesem Moment schlug sie sich allerdings ganz ungöttlich mit der Hand an die Stirn und rief aus:

„Das kann doch nicht wahr sein! Das Wichtigste hätte ich über unserem Geplauder ja nun doch fast vergessen! Ich wollte dir doch etwas über mein Tor erzählen! Das muss ich nun aber ganz schnell nachholen. Wie gesagt, bereits seit der ersten Hälfte des 18. Jahrhunderts stand hier ein Tor, das zur Berliner Zollmauer gehörte. Kurz nach dem Tod Friedrichs II. wurde es auf Befehl seines Neffen und Nachfolgers Friedrich Wilhelm II. umgebaut, der so an seinen Onkel erinnern wollte. Der Architekt des Tores, wie du es heute siehst, war Carl Gotthard Langhans. Zu jener Zeit lehnte man Bauwerke gern an die Traditionen der Antike an, deshalb ähnelt das Brandenburger Tor etwas dem, das Langhans für das Stadttor von Athen hielt. Er hatte es auf Abbildungen gesehen, in Wirklichkeit war das aber der Eingang zur Akropolis. Auch dort ist der Mittelgang breiter als die seitlichen, und unser Baumeister plante das Brandenburger Tor so, damit die Kutschen der Könige in der Mitte hindurchfahren konnten und die übrigen Gespanne zu beiden Seiten. Ich kam dann ein wenig später dazu, und den Rest der Geschichte kennst du ja bereits."

Mit diesen Worten war die Göttin verschwunden, und als Constantin sich umsah, stand sie bereits wieder auf dem Tor und lenkte die Quadriga.

Freddy aber schmunzelte und sagte:

„Wer hätte das gedacht – da haben wir doch gleich noch zwei Fliegen mit einer Klappe geschlagen!"

Als Constantin ihn verständnislos ansah, fügte er hinzu:

„Das Brandenburger Tor und die Siegessäule. Wer sonst hätte dir über beide so viel erzählen können? Doch nun wird es langsam Zeit, ins Hotel zurückzukehren. Ich möchte mir gar nicht vorstellen, was das für einen Tumult gibt, wenn der Empfang dort zu Ende ist und ich nicht am Eingang stehe, um die Leute zu verabschieden."

„Auweia, du hast ja recht! Wenn meine Eltern mich dann nicht im Zimmer vorfinden, machen sie sich bestimmt Sorgen!"

Fast hätte Constantin vergessen, dass seine Eltern ja dachten, er würde sich im Hotel einen gemütlichen Abend machen.

„Na, dann nichts wie los!", rief Freddy. „Wenn wir die Straße Unter den Linden entlanglaufen, kommen wir bestimmt noch rechtzeitig."

„Bloß nicht!", widersprach nun Constantin. „Die ist doch an der Universität. Wie sollen wir denn da so schnell hinkommen?"

Auch wenn sie in Eile waren, für ein freundliches Schnauben des Bären war allemal noch Zeit.

„Vertrau mir doch einfach! Du stehst nämlich gerade auf dieser Straße. Vorhin haben wir ihren Anfang gesehen, und hier endet sie. Wir müssen nur ein Stückchen zurückgehen und rechtzeitig zum Hotel abbiegen."

Gesagt – getan.

Als sie am Hotel ankamen, traten gerade die ersten Gäste des Empfangs durch die große Glastür, und – hast du nicht gesehen – stand Freddy wieder starr auf dem Kopf, als wäre nichts geschehen.

Constantin schlüpfte, ohne dass ihn jemand bemerkt hätte, in das Hotelzimmer hinauf, und nur seine Eltern wunderten sich am nächsten Morgen, warum er einer leblosen Statue fröhlich zum Abschied winkte und ihr auch noch versprach, bald wieder einmal vorbeizukommen.

Wer hat hier eigentlich regiert?

Na, ist Euch beim Lesen dieses Buches auch aufgefallen, dass es in der preußischen Geschichte keinen König gegeben hat, der nicht Friedrich oder Wilhelm oder Friedrich Wilhelm hieß?

Da kann man schon ziemlich durcheinanderkommen, wenn man die ganzen Herrscher auseinanderhalten möchte. Für alle von Euch, denen es so gegangen ist, hier eine kleine Hilfe:

Wie Ihr wisst, wurde Brandenburg zunächst von Kurfürsten regiert. Einer von ihnen, Friedrich III., ließ sich 1701 krönen und hieß von da an

Friedrich I. in Preußen.

Ein Denkmal für ihn findet Ihr zum Beispiel vor dem Schloss Charlottenburg, das bis heute den Namen seiner Ehefrau Sophie Charlotte trägt. Friedrich I. regierte von 1701 bis 1713.

Nach seinem Tod bestieg sein Sohn den Thron:

Friedrich Wilhelm I. in Preußen.

Er wurde auch der „Soldatenkönig" genannt und war berühmt für seine Armee aus hochgewachsenen jungen Männern, den „Langen Kerls". Friedrich Wilhelm I. regierte von 1713 bis 1740.

Sein Sohn war der König, der Preußen am längsten regierte: 46 Jahre lang. Es war

Friedrich II. (der Große).

Von 1740 an hieß er wie seine Vorgänger „König in Preußen", ab 1772 „König von Preußen". Die Berliner nannten ihn fast liebevoll den „Alten Fritz", und auch an seinem Denkmal Unter den Linden kann man sehen, dass er nicht nur ein Feldherr, sondern auch ein Kunstliebhaber war. Friedrich II. regierte von 1740 bis 1786. Gewöhnlich war der Thronfolger der älteste Sohn des vorangegangenen Königs. Hatte dieser jedoch keine Kinder, musste ein anderer Nachfolger gefunden werden. So war es auch bei

Friedrich Wilhelm II. von Preußen,

der ein Neffe Friedrichs des Großen war. Er konnte das Werk seines Onkels jedoch nicht würdig fortsetzen und wurde im Volk auch „der dicke Lüderjahn" genannt, was soviel heißt wie „Taugenichts". Friedrich Wilhelm II. regierte von 1786 bis 1797. Ihm folgte sein Sohn

Friedrich Wilhelm III. von Preußen,

dessen Ehefrau Luise Ihr auf der Museumsinsel näher kennengelernt habt. Ein Denkmal für ihn steht bis heute im Tiergarten. Er war gleichzeitig auch der letzte Kurfürst von Brandenburg und regierte von 1797 bis 1840.

Könnt Ihr Euch vorstellen, dass ein König es ablehnt, Kaiser zu werden?

Friedrich Wilhelm IV. von Preußen

hat es getan. Der Sohn Friedrich Wilhelms III. regierte ab 1840 und hätte 1848 deutscher Kaiser werden können, doch er hatte seine Gründe, das nicht zu tun. 1858 übergab er aus gesundheitlichen Gründen das Zepter (ja, genau daher kommt diese Redewendung!) an seinen jüngeren Bruder, weil er keine Kinder hatte.

Wilhelm I. von Preußen

regierte also ab 1858, wurde aber erst 1861, nach dem Tod seines Bruders, König von Preußen und 1871 erster Kaiser des Deutschen Reiches, das in jenem Jahr gegründet wurde. An ihn erinnert bis heute die Kaiser-Wilhelm-Gedächtniskirche. Er starb 1888.

Sein Sohn

Friedrich III. von Preußen

war schon schwer krank, als er 1888 den Thron bestieg. Seine Ehefrau war die älteste Tochter der englischen Königin Victoria. Nach seinem Tod nannte sie sich ihm zu Ehren „Kaiserin Friedrich". Er regierte nur wenig mehr als drei Monate, bis er starb, und ging deshalb als 99-Tage-Kaiser in die Geschichte ein. Da ihm noch im selben Jahr sein Sohn

Wilhelm II. von Preußen

auf den Thron folgte, ist 1888 als Dreikaiserjahr bekannt. Wilhelm II. war der letzte deutsche Kaiser. 1918 musste er abdanken. So nennt man bei einem König oder Kaiser den Rücktritt. Er starb 1940 in den Niederlanden.

Carola Jürchott wurde 1970 in Berlin geboren. Von 1989 bis 1995 studierte sie an der Humboldt-Universität und an der Moskauer Staatlichen Linguistischen Universität und erwarb das Diplom als Übersetzerin für Russisch und Bulgarisch. Seit 1999 arbeitet sie intensiv mit russischen und russlanddeutschen Journalisten und Buchautoren zusammen, sei es als Übersetzerin, als Buchlektorin oder als Dolmetscherin.

Das Genre ihrer eigenen Bücher, die seit 2013 veröffentlicht werden, bezeichnet die Autorin gern als „Sachmärchen". Kombiniert mit Fantasy-Elementen geben sie unter anderem Einblick in die Geschichte und Kultur berühmter Städte und können daher ebenso als Lesebuch wie als Reiseführer für Kinder dienen. Das 2014 im Verlag Retorika herausgegebene Buch „Mit einem Drachentöter durch Moskau", das seit 2015 auch in russischer Sprache erhältlich ist, stellt das Pendant zum vorliegenden Band dar. Lesungen zu diesen Büchern führten die Autorin unter anderem zur Frankfurter und Leipziger Buchmesse und zur Moskauer Biblionacht.

Xenia Smykovskaya wurde 1988 in Cherson, Ukraine, geboren. Von 2005 bis 2011 studierte sie Übersetzungs- und Kommunikationswissenschaft in Kiew und anschließend Verlagswesen in Berlin. Seit ihrer Kindheit beschäftigt sie sich mit Illustrationen. Seit 2012 entwickelt sie Illustrationen und Grafiken für Kinderbücher und Magazine.

Im Verlag Retorika GmbH erschienen mit ihren Illustrationen: „Während Mama weg war / Пока мамы не было дома", „Mit einem Drachentöter durch Moskau" in deutscher und russischer Sprache.

Verlag Retorika –
zweisprachige Kinderbücher und Sprachlernmittel

- Deutsch-russische Kinderbücher
- Schulbücher für den Russischunterricht
- Russisch-Lehrwerke für Erwachsene

www.retorika.de
www.facebook.com/VerlagRetorikaGmbH